從諷刺漫畫解讀
日本統治下的臺灣

風刺漫画で読み解く
日本統治下の台湾

目次

釣魚樂，喬治・比果特，圖片來源：《TÔBAÉ》第 1 號，1887 年 2 月 15 日。

作者序

坐進「大碗」的漫畫家

一幅畫作，勝過千言萬語。

從明治時代開始，由西方人繪製、以日本為題材的諷刺漫畫，例如一八八七年喬治．比果（Georges Ferdinand Bigot，譯按：法國畫家、漫畫家，一八六〇—一九二七）的作品——《釣魚樂》，蘊藏其中的訊息、時代趨勢和氛圍等，至今仍鮮明可見，是現今想要瞭解當時歷史的重要資料。光是匆匆一瞥，就能夠攫取觀者的視線，勾起會心一笑，並讓人忍不住去思考，隱藏其中的奧妙與深意。

諷刺漫畫就是有如此神奇的魅力。

不久，日本人也開始繪製諷刺漫畫，從明治時代至大正期間，也就是在所謂大正民主的潮流下，諷刺漫畫成為時代的新寵兒。當時（一九二五年一月）一位住在臺灣的日本人，畫了一幅諷刺漫畫，如下頁。

「大碗」（臺灣）航行的方向目標，也就是遠方的水平線，是宣告新時代來臨的朝陽。坐在手握船舵的島民（孩子）身旁，是望著水平線而面露感動之情的統治者「長官」（大人）。（1925 年 1 月 11 日）

一艘狀似大碗的船隻，漂流在沖繩南方風平浪靜的東海之上。大碗上以日文片假名寫著「タイワン」，這艘大碗船隻的名字。大碗（たいわん，Taiwan）與臺灣（タイワン，Taiwan）的日文發音相同，可見繪者在漫畫構圖中巧妙運用文字遊戲的幽默。

從「自立」走向「自轉」的臺灣

像是一寸法師所搭乘的碗公船[1]，就這樣在無風無浪的大海上漂浮，在財政方面仰賴日本內地，稅制方面也享有優待。

實際上，就像是財政上的寄生蟲。

在前文提及的漫畫家比果特，繪製《釣魚樂》的八年後，明治政府在首次的對外戰爭中取得勝利，從中國清朝政府手中，獲得第一塊殖民地——臺灣。然而，臺灣這塊土地是連清朝政府也視為「化外之地」而置之不管、統治困難的島嶼。島內不只是瘧疾、傷寒等傳染病肆虐，以山岳地帶為中心，還存在著嚴重的「蕃害」——屬於馬來．波里尼西亞語族（Malayo-Polynesian languages）[2]的原住民，有獵人頭的風俗習慣；加上颱風暴雨時的洪水災害、缺乏蓄水設施（水庫、埤塘等）所導致的乾旱等，氣候及地理環境上的惡劣條件，令來到此地的新手望之卻步。另外，港灣、道路等交通設施也尚未整備完全。來自對岸中國的福建等華人及其後裔，長期生活在島嶼西部平原，他們與惡疾和原住民交戰、共存。

基於這些狀況，日本議會中甚至有人提出將臺灣賣給法國的意見。不過，最後日本政府依舊決定，即使在首年度必須投入國家預算四分之一以上的鉅額經費，也要在這個比九州面積稍大的島嶼上整頓基礎設施、改善衛生環境。將臺灣納為殖民地的十幾年後，凌駕於日本內地的近代市街終於誕生，並且此時臺灣在財政面上終於得以獨立。儘管如此，臺灣的賦稅仍舊比日本內地輕；另一方面，眾議院議員選舉法也尚未施行於臺灣，地方自治制度也不存在。對日本而言，臺灣無疑是本國以外的地區，也是一個殖民地。

然後經過了十年的時間，臺灣來到日本的大正時代。

在對俄戰爭上消耗不少國力的日本，正面臨財政危機的困擾。接著在第一次世界大戰、關東大地震後，面對經濟蕭條的狀況，國家財政更是雪上加霜。當日本從德國手中獲得密克羅尼西亞（Micronesia），開始向南洋地區發展之際，也就理所當然地對臺灣抱持著冀望——從「自立」走向「自轉」，期盼能為日本的利益做出有效的貢獻。

因此，這個過往只是依賴日本內地而漂浮在大海上的「大碗」，如今則備有名為「高雄」的引擎——臺灣南部經濟的中心，至今仍是世界屈指可數的貿易港口；以及名為「基隆港」的船首——臺灣北部的玄關港口。高雄與基隆這兩處港口，是以農作物資源（例如由日本帶來的種子，經過品種改良的甘蔗和稻米等）輸往日本本土或出口，以及產業貿易的據點為基礎而興盛發展。

此外，操縱著這艘「大碗」的是島民。

「至今在海上漂浮著的大碗（臺灣），是浮是沉，是進是退，端看舵手之能耐，絲毫不能掉以輕心。」

在島民手中所端握的船舵上，寫著「市政實施」四個大字。自一九二〇年（大正九年）起，過往並未實施於殖民地的法律，以特別法的形式頒布，[3]刺激了島民的市民意識。島民背後的袋子上寫著「產業貿易南支南洋發展」，裡頭承載了滿滿的期待，幾乎快要迸出大碗的船身。

所謂的「島民」，意指居住在臺灣，屬於統治階層的日本人（內地人），以及被統治者階層的臺灣人兩者。在人口比例上（大正九年，一九二〇年），臺灣人約有三百五十萬，內地人有十六多萬，臺灣人的人數（其中也包含了少數的原住民人口，大約在百分之十以下）明顯勝過日本人的人數。不過，在諷刺漫畫的構圖中，島民經常是站在「被指導的兒童」的一方，日本人的角色則大都是「指導者的大人」，正如坐在島民身旁，穿著制服、戴著官帽、留著鬍子的男子，象徵著臺灣總督府等統治者階級。

如此，將島民繪製為「小孩」形象的圖畫，同時也象徵臺灣所處的狀態。

說穿了，臺灣就是一塊殖民地，即使從自立走向自轉，也不可能被賦予自治的權力。就算

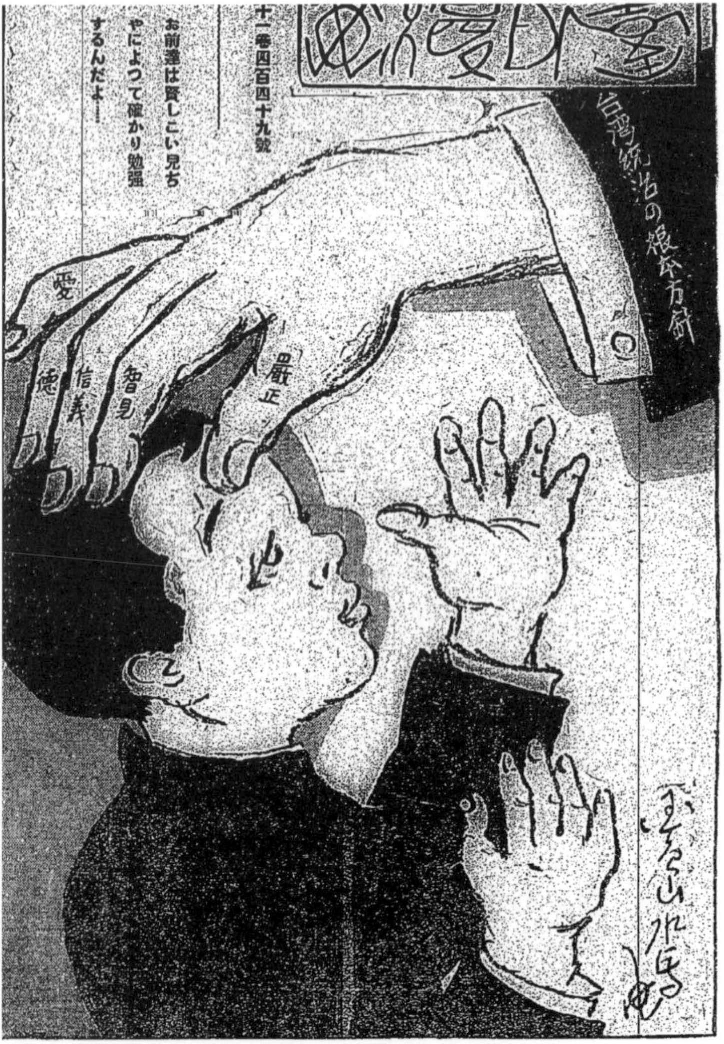

一面說著:「你們是聰明的孩子,要好好學習啊!」一面撫摸著孩童的「臺灣統治根本方針」之手,其指尖上,寫著「嚴正、見識、信義、德性、愛」。(1931 年 2 月 9 日)

賦予了有限度的市民意識，臺灣仍舊必須是一個在日本政府監督、控制之下的孩童。但另一方面，在日本統治階層內心的某個角落，卻也存在著希望臺灣能夠再多成長一些的矛盾心理。

堆疊在「大碗」中的，還有這些無法用雙眼看見的行李。

所謂的矛盾，更是堆積如山地展露在臺灣人的眼前。移居至臺灣的內地人，包括官僚、知識工作者，甚至勞工、貧民，在業種和身分上可說是五花八門、琳瑯滿目，但是因為來到臺灣這塊殖民地，明顯地在社會地位上有所差別。這些內地人在教育、就業等各種層面上享有特別待遇。正好就從繪製這幅漫畫的時期開始，臺灣人提出改善的要求，並且在大正民主、自由的時代潮流推波助瀾之下，高呼設置臺灣議會和實現地方自治制度的反日、民族主義運動。

另一方面，在日本政府「內地延長主義」之下，以「內臺融合」及「一視同仁」的口號推進殖民地政策，加速實現了臺灣人教育機會的提升。

此時也是日本在臺灣治理上的重大轉換時期。

在島上扎根的內地人，萌生出「灣生」的新意識，臺灣成為另一個新故鄉，如此一來，愈來愈多的矛盾也不斷在灣生眼前顯現出來。大正民主風潮對臺灣的社會、政治情勢、風俗等層面，帶來十分劇烈的變化，在這個過渡期，任何人都無法「掉以輕心」，因為所有的族群都實際地感受到變化與紛擾，社會上足以作為諷刺漫畫的題材，當然也就俯拾即是。於是，報紙的諷刺漫畫就在臺灣這塊殖民地上正式登場，形成一股風潮。

繪製這幅「大碗」漫畫的作者，是一位出身內地的無名畫家，在第一次世界大戰期間的一九一六年（大正五年）偶然來到臺灣，參觀日本政府在臺灣施政二十週年紀念的物產博覽會——「臺灣勸業共進會」（展覽期間為四月十日至五月九日），然後決定在臺灣定居。

國島氏的旁觀者視角

自明治時代晚期至大正期間，學習美國風格諷刺漫畫的北澤樂天，成為日本現代漫畫的始祖，諷刺漫畫風靡於當世。

在這段期間，訂購報紙的讀者急速增加，時事新報社在一九二一年（大正十年）創刊《時事漫畫》，報紙諷刺漫畫這種嶄新的類型（genre）應運而生。北澤樂天活躍於報紙諷刺漫畫，繪製了許多傑出的作品。被福澤諭吉相中才能的北澤樂天，因《時事新報》而名聞遐邇，並在一九〇五年（明治三十八年）創刊諷刺時局的雜誌《東京頑童》（東京パック）[4]，於翌年由原本的月刊改為雙週刊，擁有廣大的讀者群，後來甚至在外地接連創刊《臺灣頑童》（台湾パック）、《高砂頑童》（高砂パック）、《京城頑童》（京城パック）等期刊。

同一時期，經過日本二十年殖民統治的臺灣，雖然有前述漫畫雜誌的發行，但在報紙上還未出現漫畫的刊載。來自日本內地的畫家國島水馬（本名：國島守），在臺北的小酒館與報紙記者友人談話之際，對於臺灣報界的無漫畫刊載的現狀感到相當驚訝。後來，國島氏被推薦前往臺北唯一的日刊報紙——《臺灣日日新報》擔任「漫畫記者」，並下定決心丟棄了返回日本的船票。

這或許就是所謂的緣分。在日本發生大逆事件[5]後，社會上的言論自由受到箝制，日本的諷刺漫畫走向低潮，但在大正民主風潮的吹拂之下，又開始為諷刺漫畫增添新的助力（關於大逆事件與諷刺漫畫的歷史，將於第七章詳述）。加上翌年（一九一七年）俄國發生革命運動，大正民主風潮的氣勢更波及政治社會的各項層面，可說是日本歷史上重大的轉換期。

關於國島氏的身世，以及來臺前的經歷等資料，如今已不復在；換句話說，國島氏是個充滿謎團的人物。據推測他應該是在三十幾歲時抵達臺灣，從他的照片和肖像畫來看，能夠得知他的面貌特徵如下：人如其名，擁有修長的馬臉、象徵聰慧的寬廣額頭、細長銳利的眼神，以及大大的鷹勾鼻和闊嘴，從面相來看，應為孤高固執的面相。

當時，國島氏以「水馬生」「水馬」的筆名，繪製或書寫風景畫、人物肖像畫、附有諷刺畫的遊記及文章。其後約二十年間，他是臺灣最大報社裡唯一的報紙諷刺漫畫家，針對政治、經濟、風俗、社會百態與國內外各大事件等主題，以詼諧、揶揄的筆法，繪製出色的諷刺漫畫，連載於報紙上。其精湛且千變萬化的手法，讓人不敢置信全是出自同一位畫家之

國島氏罕見的漫畫自畫像，正值壯年，同時也是諷刺漫畫家生涯的巔峰時期。
（出自《臺灣實業界》月刊 1930 年 5 月號）

手。他以富含幽默與人文主義為出發點，試圖博君一笑。雖然國島氏特別擅長揶揄政治和經濟上，不過在另一方面，他對市民生活觀察入微的視角，也讓他的作品成為了解當時臺灣社會的寶貴資料。

在國島氏渡臺時，臺灣已急速發展，並且以帝國政府的南進基地之姿，成為日本政府獎勵國人由內地移居的新天地。此外，從安定度和幸福度這兩個層面來看，從國島氏渡臺到九一八事變後昭和時代的動亂期，這段時期的臺灣儘管只有短短的十五、六年，卻可說是最美好的時代。這同時也是大正民主的生命歷程，以及臺灣報紙諷刺漫畫的一生。

由此看來，國島氏算是十分的幸運。他的漫畫作品是從「外地」——臺灣來觀看時事，成為理解當時臺灣社會相當貴重的史觀角度和資料而被留存下來。

說到緣分，讓筆者感到更為奇妙的，是當時與現今日本正苦於東日本大地震、不景氣，以及政治不安的狀況十分相似。二〇一一年日本東北發生大地震，來自臺灣一般民眾的募款援助金額超越二百億日圓，高居各國捐款金額之首，讓日本民眾深深感動，想必大家還記憶猶新。關東大地震發生之際，儘管當時正處於經濟蕭條，但是以臺灣原住民為首，許多臺灣人也紛紛慷慨解囊，來援助帝都的重建。筆者得知這項史實後，就像是站在時代的鏡子前，照映出現在與過去的痕跡，感覺十分微妙。

當然，因為此次震災，才首次將關心的視線投向臺灣的日本人，想必也不在少數。日本的男女老幼和商業人士前往臺灣數日，享受美食與休閒旅行，或是走訪日本殖民政府過去在臺灣所留下來的遺跡。另外，各國前往臺灣觀光的人數，其首位寶座雖然被開放個人旅行的中國所佔，但在臺灣當地平均每位觀光客所花費的金額，日本人依舊是居於首位。日本與臺灣在外交上並無正式關係，但日本與特殊地域的臺灣依舊維持著緊密的交流。

如此的臺灣，在一九四五年以前，約有半個世紀都處在日本的統治之下，當時日本統治者的形象讓人有些難以想像。然而，諷刺漫畫是以圖像呈現，能夠從視覺上直接進入我們的意識。過往關於日本統治臺灣的時代記憶，雖然已有許多豐富且多樣化的成果，但未出現從諷刺漫畫切入的視角。不論讀者是否對臺灣熟悉，本書應該都能夠提供一些新鮮的發現。

另外，在本書中，筆者將那時住在臺灣的日本人以當時的名稱「內地人」或「日本人」稱之；同樣地，被稱為「本島人」的臺灣人，也使用「本島人」和「臺灣人」，兩種名稱皆為同義。

那麼，就讓我們坐進這只「大碗」，展開航行的旅途吧！

第一章
大正民主風潮在臺灣

大稻埕的金魚與龍

想像乘坐一部時光機，前往國島水馬抵臺時的臺北。在街道上首先映入眼簾的是四處林立的珈琲店招牌和在店內工作的女給，與她們青春肉體上的時尚衣裝。暴露的洋裝，加上短髮等前衛的髮型，在外表上追求歐美文化的「摩男、摩女」[1]，吸引著臺北紳士的目光。在漫畫中登場的摩登女性和男性，在性慾方面的挑逗與放蕩不羈，都成為漫畫家諷刺的對象。

不過話說回來，摩女妖豔、媚惑的外表，卻與臺北這個城市的氛圍十分相襯。在日本取得臺灣這塊殖民地後，為了滿足掃蕩、鎮壓土匪而賭上性命的軍人所追求的剎那快感，以酒香與女色聞名的臺北，正好具備豐饒的土壤，接受移植而來的女色飄香——「珈琲店文化」。

這位摩女的女給，因突如其來的雷陣雨，姿態變得既不性感也毫無品味的滑稽模樣，用閩南話向客人高喊：「多謝，卡緊擱來！」（謝謝，趕快再來光顧！）（1930 年 5 月 19 日）

本島人摩男：「這位美人的短髮，是今年的摩登髮型呢！」內地人摩男：「哈哈，是現在最流行的女版天一嗎？！」天一坊是德川家的人物，也在當時的電影中出現。
（1932 年 1 月 18 日）

在明治晚期，東京銀座興起「珈琲店文化」，不久後區分為兩種類型：一種是「純喫茶」，另一種則是有女給作陪、提供酒精飲料和餐點的「特殊喫茶」。在國島氏來臺前一年左右，原本結合沙龍與餐廳形式的銀座珈琲店，開始出現身穿圍裙的年輕女給，客人能夠與女給交談，或是享受超越談話的樂趣，珈琲店逐漸走向享受刺激與快感的空間。與臺北南部的萬華（艋舺）齊名，自古以來便繁榮興盛的大稻埕地區，也成為珈琲店文化臺灣版本的一大中心。穿著流行服飾的性感女給，在大稻埕街道上昂首闊步，這樣的場景讓她們在夏季裡被比喻為「金魚」。

就在「金魚」搖頭擺尾地暢游大稻埕的街道上、吸引紳士目光的同時，大稻埕暗巷中的大正民主之池，也孕育出了另一種生物——「龍」。這種生物正是日本人最為忌諱、厭惡的，宛如水與油永遠無法混融一般，甚至可以說是當時臺灣社會中不可示人的陰部。

在討論「龍」這種生物之前，讓我們先來走一趟大稻埕地區。

步出捷運臺北車站，來到忠孝西路上，右手邊是公車轉運站（編按：即臺北西站，一九五三年開始使用，二〇一六年十一月拆除），左手邊是新光三越的摩天大樓，走過幾個街區後，將會抵達洋溢古風的遺跡「北門」交叉路口。北門建造於清朝統治時期的一八七九年，是劃分舊有市街的城牆遺跡中，至今唯一原封不動並保留下來的史跡。在日本統治時代，也將北門以南的地區稱為「城內」，是官吏和統治階級的居住區。

七月の大稻埕
潑剌な七月の風は
エロテツク
彼女達の長衫
は金魚の皮膚
手足は尾ひれのやうに
大稻埕の街を

「七月的大稻埕——活潑的七月之風，吹來性感的魅惑氣味。她們的長衫宛如金魚的皮膚，手腳宛如尾鰭，暢游於大稻埕的街道上。」（1934 年 7 月 9 日）

珈琲黃金時代：「諸位，我們並不是要去喝咖啡，而是要去看看那膚淺的光景。」
（1930 年 9 月 8 日）

左側的中華路前方便是日本人過去所建造的鬧區——西門町。現今仍習慣沿用西門町的名稱，但是除了電影院等娛樂設施之外，街道的景色已有非常大的變化，從原本充滿藝伎的市街，搖身一變成為年輕人的聚集地，甚至有「臺北的原宿」之稱。

從北門穿過市民大道的高架橋，來到城外，自中華路銜接至延平北路，前往大同區，此處留存著臺北濃厚的歷史面貌。道路兩側羅列著日治時代的建築物，古老外牆龜裂殘缺，在上方可見雜草叢生，過往的西洋風裝飾，倒映在周圍摩登大廈的玻璃窗上，就像是海市蜃樓的幻影。左轉南京西路，與塔城街的交叉路口一帶則是過去的六館街，曾是令日本人流連忘返的花街柳巷。日本統治臺灣的第二年，便在當地建造高級日式料理餐廳（料亭），可說是大稻埕的中心，又有臺北不夜城的稱號。

這一塊不太廣闊的區域，因淡水河岸碼頭作為茶葉貿易的據點而日益發展，在日本人抵臺之時，臺北不到五萬的人口當中，約有半數都居住在這個地區。日本人在此處建造第一家銀行、法院和醫院，可見當地的繁榮程度。不過，此處是臺灣人聚集的街道，與城內的日本人街道有著明顯的區別。但也正因為「異境」的風情，格外釀生出奢靡浮華的氛圍，吸引那些被「金魚」魅惑的大和紳士釣客，紛紛入內窺探。

一九二〇年（大正九年），臺灣總督府實行市制，行政區劃上屬於臺北市，大稻埕的町名雖然在行政文書中消失，但是習慣上依舊將當地稱呼為大稻埕。現今，大稻埕的街道上仍舊洋溢著西洋和懷舊復古的風情。沿著淡水河岸南北向延伸的迪化街，聚集著販賣南北乾貨、中藥材的零售批發店，臺灣人多會在農曆新年前夕，湧入迪化街採購年貨。該處同時也是受到日本觀光客青睞的景點之一，想要購買花茶和烏魚子的女性顧客絡繹不絕。

毋庸贅言，臺灣這塊島嶼原本屬於自對岸中國移居而來、在島上落地生根的民眾，換言之，也就是臺灣人的土地；但是在日本統治時代，有著「本島人」別稱的臺灣人，卻被摒除在文化與權力的中心之外，貶為二等國民的身分。在大正民主風潮的影響之下，帶動了文化啟蒙運動——「新文化運動」，其中心地帶便是當時聚集了許多臺灣富裕階層和文化菁英的大稻埕。

從迪化街往東行，來到延平北路和民生西路的交叉路口，這裡車水馬龍，熙來攘往；其周邊地區曾經有「新文化運動」時所建造的臺灣人劇場（即第一劇場），更是珈琲店文化盛行的區域。在大正民主風潮全盛時期開設的餐飲店雖已不復存在，但是在延平北路上還留著一間名為「BOLERO波麗路」（舊名ボレロ）的西餐廳。波麗路在一九三四年（昭和九年）開業，是當時知名的西餐廳，不只是臺灣人，就連內地的文化界人士也會前往消費，人們在店內一面欣賞古典音樂，一面談論藝術文化。

「斷然一蹴，蜂腰亂舞」。昭和時代初期，對照政府向料理店[2]課徵娛樂稅的規定，卻將珈琲店列入徵收娛樂稅名單之案予以否決。[3]（1930 年 8 月 18 日）

「請問您的咖啡要加點奶嗎？那麼，這樣應該比較新鮮喔！」（1931 年 4 月 20 日）

大稻埕女給的活躍模樣，以不夠正確的日文說著：「親愛的，快點過來吧！」（1933 年 11 月 6 日）

此外，永樂座是代表當時臺灣的著名劇場，這裡有傳統戲曲表演和現代白話劇等演出。一九二一年（大正十年）十一月，林獻堂（以臺灣民族運動領袖聞名）所創辦的「臺灣文化協會」，其成立大會便是在永樂座舉辦。這一連串臺灣人發起的社會改革運動，也讓日本統治者提高了警戒心。

由臺灣人所發起的臺灣新文學運動，也大約在這個時候興起。一九二〇年（大正九年），在東京留學的臺灣青年創立日文、漢文版的文學月刊雜誌《臺灣青年》（兩年後，雜誌改名為《臺灣》），開始以日文和中文發表小說作品和文學理論。而這些文化運動也與同時期臺灣人（以臺灣文化協會為首）發起的臺灣議會設置運動有所連結，政治色彩日益濃厚。像是曾經為《臺灣》撰稿的林南陽，就是林獻堂的長男；另外，相關人士還有林呈祿，他在一九二三年（大正十二年）於日本成立臺灣議會，後來遭到逮捕，史稱「治警事件」。

當《臺灣青年》創刊的同時，曾出資贊助的臺灣企業家辜顯榮創立了「臺灣公益會」，在立場上可說與臺灣文化協會相互對立。日本統治之初，軍隊不費血刃地進入臺北城，當時出面迎接並擔任嚮導的便是辜顯榮，因其親日、「協力」（協助日本殖民政府統治）的立場，而使他有「御用紳士」[4]之稱，後來出任日本貴族院議員，是臺灣首位被選任為貴族院議員的人。當時，辜顯榮雖站在協助日本統治者的立場，打壓臺灣議會設置運動；但是，從那時的諷刺漫畫中，卻可以看出日本人其實也不信任辜顯榮。

「這就是本島一流的祥龍奪珠……近來的熱度，究竟會持續到何時？希望不要龍頭蛇尾、無疾而終。」（1923年7月8日）

諷刺漫畫圖中，舞龍的龍頭是辜顯榮（後方支撐龍身的，應該是辜顯榮的同志林熊徵，林熊徵身材肥胖，綽號「阿肥仔」），龍頭緊追不捨的龍珠則是「赤化」（共產黨化），其「希望不要龍頭蛇尾」[5]的諷刺語法顯現出當時的保守風氣，倘若大正自由思想屬於反體制的陣營，那麼無論其內容為何，都將被定位為「左派」。不過，後來臺灣文化協會內部出現分裂，左派與右派相互對立，激進派人士紛紛倒向日本共產黨的分部——臺灣共產黨。一九三〇年（昭和五年），臺灣共產黨被判定為非法團體而遭到殲滅。

其後，在震災的混亂局勢之下，[6]國島氏將公益會和文化協會的對立，嘲諷為自私的相撲比賽；或將臺灣青年會這個偏向文化協會的團體比喻成「病患」，而公益會的「醫師」則是對病患注射思想改造的藥劑來作為治療。

最後，果真如同國島氏所畫出的「忠告」一般，在大正民主風潮之下，於大稻埕孕育、成長的「龍」後來還是退化為蛇。在大稻埕地區，只剩下天不怕地不怕的金魚暢游在街道上。

「果凍化」的臺灣社會

讓我們回到臺北車站，從新光三越往總統府的方向前進，可以望見一片綠意盎然的公園——二二八和平公園，在日本統治時代曾是臺北新公園，當時人稱「新公園」。

圖中人物說：「來聽聽有趣的曲子吧。」放上林獻堂等人的唱片（編按：唱片上寫著林獻堂、蔡培火等人），流瀉出的歌詞是他們「真實的心聲」：「吾等厭惡規律之生活。」（1922 年 4 月 2 日）

公園內曾經佇立著第四任臺灣總督——兒玉源太郎，以及與他搭檔的民政長官——後藤新平的銅像，這兩人可說是奠定了日本在臺灣殖民地的經營基礎。隨著日本在第二次世界大戰的戰敗，這兩座銅像成為萬惡殖民主義者的象徵，被轉遷至公園內的國立臺灣博物館本館（落成於一九一三年（大正二年））[7]，置於展示廳的角落。如今，在臺灣已經找不到第二座如此栩栩如生地刻劃出兒玉源太郎和後藤新平神韻的雕像。從國民黨政府的角度來看，兩人可說是身兼高壓統治者與仇敵的心腹大將。但是，蔣介石依舊完全接收、繼承了日本殖民統治時代所留下的資產和基礎建設，並且以這些「日產」為基礎，構築起權力的磐石。倘若沒有後藤新平等人在臺灣的作為，臺灣這塊小小的土地恐怕也無法成為反攻大陸的基地。有「臺灣建設之父」美名的後藤新平，在基礎建設、農業、醫療制度及財政基礎上的確留有實績。他採取「生物學」原理的統治方針，配合殖民地本土的風俗習慣，「揮舞著科學王道之大旗施政」，在臺灣推進各項文明開化與殖產興業的活動。

在兒玉與後藤赴任臺灣的一八九八年（明治三十一年），臺灣總督府向日本政府要求的整備事業預算為六千萬日圓，超越當年國家預算二億二千萬日圓的四分之一。因為這筆龐大的資金，順利完成過去清朝統治時代尚未整頓的上、下水道和道路、瓦斯等公共事業，並推行計畫性的都市開發、搭建南北縱貫鐵路（一九〇八年完工）以及充實港灣設施。

如今，像是臺灣的總統府（日治時期的臺灣總督府）等日治時期的壯觀建築，以及如同公園一般、以兩排行道樹分隔出的三線道等建設，仍舊被完整地保存了下來。

國島氏來臺初期，正值武官總督統治的晚期，在兩年後的一九一八年（大正七年），最後一任武官總督——明石元二郎將公共設施已建設完善的殖民地臺灣，交到首任文官總督——田健治郎的手中。此後，總督由日本中央政府的官吏出任，藉此強化權限，相對地民政長官的權力遭到削減，並將軍隊的統率權交還至天皇手中。

儘管如此，臺灣的文官總督卻往往隨著內地政黨政治的政權交替而動搖與更迭。諸項決策向後推遲，島內計畫也延宕多時，武官總督時代急遽的經濟發展也就此停滯不前。

隨著文官總督而帶來的內地延長主義政策，其背景是第一次世界大戰下，歐洲各國殖民地的民族主義情緒高漲，加上當時日本的原敬首相也十分看重民主與自由的思想。「一視同仁」與「內臺融合」幾乎成為文官總督之間共通的口號。為了擴大地方自治的權限而制定「法三號」（一九二一年）[8]，也就是日本本國法律適用於臺灣的原則法令。此外，除了親人之間的繼承關係外，將日本本國的民法、商事法和民事訴訟法的適用範圍延長至臺灣島內（一九二三年），制定日臺共學制度並設置大學機構，並整備日語學習環境。一九二二年發布「臺灣教育令」，目標是在文化教育層面上達到平等化，另公佈「共婚法」，允許日本人與臺灣人結婚，並且廢除笞刑（鞭刑）。

如此的作法，看在當時同樣擁有殖民地的英美國家眼中，可說是劃時代的創舉，美國駐臺

政黨政治的弊害。在加藤高明內閣成形之際，臺灣島民在內心祈禱著：「雷陣雨前兆的積雨雲又出現了。希望落雷不要侵襲本島啊！桑原、桑原（避雷咒語）。」[9]
（1924 年 6 月 15 日）

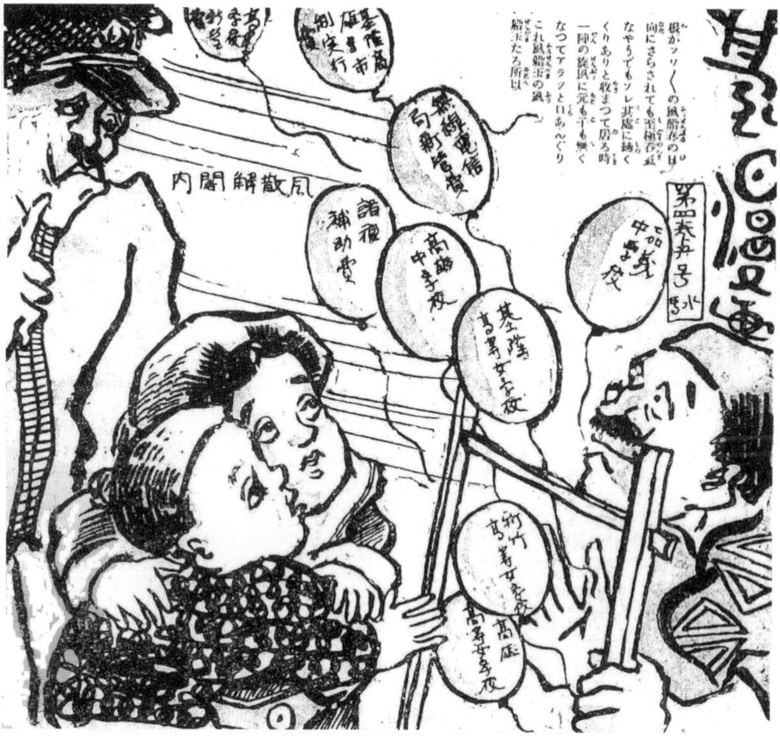

被內閣解散之風吹走的補助金氣球。「這就是氣球之所以為氣球的原因。」象徵著眾人對計畫本身並未抱持著太大的期待。（1924 年 2 月 10 日）

「一視同仁，本島人也列入許可。」回想一九二〇年的一幕。內地人警官正指導本島人穿著制服的方式。（1921 年 1 月 1 日）

大使喜次科克（Henry B. Hitchcock）曾給予高度評價：「臺灣在接下來兩個世代，將會逐漸地走向日本化，不再只是一塊殖民地，而將成為日本不可或缺的一部分。」

儘管如此，統治階層並不打算給予臺灣人完全的平等，這是因為在臺灣，如朝鮮「三一運動」[10]一樣的暴動，其發生的因子已經根除。因此日本殖民政府採取「糖果與鞭子」並行的方式，抑制臺灣人的民族運動，維持社會的安定。

關於殖民者的內在意圖，國島氏當然也看在眼底。舉例來說，臺灣人希望設置的臺灣議會，能夠讓臺灣人以議員的身分參與政治事務；相對地，日本人所想像的議會卻是臺灣島內的地方議會，而且連地方議會的設置也絲毫沒有讓步的打算。在國島氏的漫畫中，當日本人與臺灣人同時提到「牛」（引申為議會）的時候，日本人腦海中浮現了普通牛的意象，但臺灣人卻是想到水牛的模樣。以風土民情的差異，滑稽地反映出日臺雙方在想像和立場上有著極大的不同。

此外，內地延長主義所帶來的變化，讓許多來臺的內地人感到困惑不解，他們內心所累積的鬱悶和憤恨也日漸高漲。夢想著一獲千金而來到臺灣的內地人，許多都是靠著臺灣人的生意來賺取大筆財富，因此對於此後將難以在商業等各項層面佔盡便宜而有所不滿。加上當時環境的催化劑，也就是第一次世界大戰以及震災後的經濟蕭條，至少在形式上，殖民地的臺灣人迎來了平等化的時代。之所以使用「形式上」這個說法，是因為現實的狀況並非符合真

想像的牛（議會）分別為府議會和臺灣議會。「完全沒有意識到彼此的想像，存在著巨大的差異。」（1929 年 3 月 18 日）

正的平等，實際上與日本人相較，臺灣人在教育、求職機會及薪資上都被壓低，生活的各個層面也都是在總督府高壓的領導體制下受到管理與限制。

國島氏以漫畫諷刺內地人的「灣生」兒童在前往日本旅行時，因為貧窮而瘦巴巴的面容，容易被誤認為臺灣人，所以經過海關時必須攜帶證明書和臺灣菸草的伴手禮（賄賂海關職員），十分地辛苦。表面上，臺灣擁有豐富的糧食，在貧富問題上應該不會有大太的問題，但實際上臺灣人的食物比想像中還要匱乏。在戰時體制的配給令下，內地人和臺灣人所分配到的糧食，有著非常明顯的差別。

國島氏還揶揄日本政府，冷嘲熱諷地表示乾脆就用洋菜[11]來凝固臺灣與內地之間的海洋，在上頭鋪水泥來建造橋樑，提高日臺之間往來交通的效率，並且在分別象徵臺灣與內地的新高山（一九二五年在臺灣完成高度測量，正式成為日本最高的山岳；編按：即現在的玉山）[12]和富士山之間，於山巔處架設橋樑，「也可將生存上讓人覺得礙眼的人們加以隔離」。從漫畫中可以看見，這座橋樑下方懸掛著的字樣：「傳染病院附屬監獄」。

國島氏的嘲諷彷彿成功地預言了未來：「洋菜」可以說是大正民主時期，以「水泥」加以穩固的則是皇民化政策；架設在兩座高山之間的橋梁上，被當作人質加以隔離管理的，便是訴求民族主義的臺灣人。

在這幅漫畫逐漸走向寫實現況的期間，臺灣島上的民眾生活在總督府軟硬兼施、恩威並行

「因為白飯的分量不同，灣生兒童倘若沒有證明文件，也沒有辦法貿然地前往內地吧。」（1923 年 7 月 1 日）

「雖說是內地延長，距離未免也太遠了，各式各樣的麻煩事應運而生。」因此用洋菜和水泥將海峽鞏固起來，在富士山和新高山之間拉座橋梁，就省事多了。（1922 年 9 月 10 日）

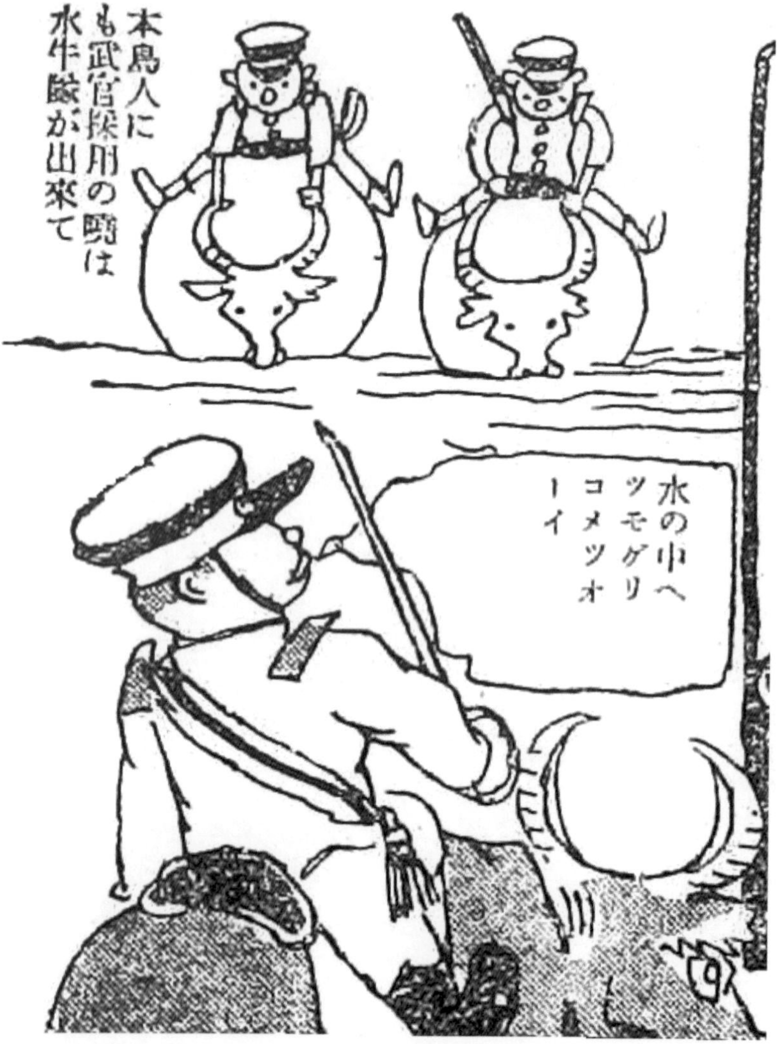

「當本島人也能夠列入軍官採用的人選時，便可以組成水牛隊潛入水中。」因內地延長主義而出現臺灣人軍官，接下來也會出現這樣的陣容嗎？（1925年2月8日）

本島人用腳玩「板羽球」[13]。漫畫作者揶揄，基於內地延長主義，本島人踢毽子的遊戲，今年應該也會被同化為日本的習俗，把「羽子板」綁在腳上玩耍。（1932 年 1 月 1 日）

的管理之下，經歷各式各樣的偽善、欺瞞以及思想、價值觀上的交錯，可以說是一段步履蹣跚的過渡時期。

活生生的臺灣娃娃人偶

內地延長主義雖導致各式各樣的矛盾滋生，但在學習機會提升的部分，對臺灣人而言確實是一大機會，能夠擺脫「殖民地的被統治階級」以及「次等國民」的標籤。

隨著文官總督體制的到來而廢止民政部，一九二六年（大正十五年）民政部學務課獨立，成立文教局。在漫畫中，作為臺北象徵的總督府中央塔剪影，於後方冉冉升起的巨大月亮前，臺灣庶民（在此也是以孩童的形象出現）歡欣鼓舞的模樣，彷彿訴說著臺灣民眾感謝政府給予受教育機會的恩典，令人印象深刻。

曾任中華民國總統的李登輝，在當時（一九二六年）只有三歲。李登輝後來進入日本在外地設置的首間高中——臺灣總督府臺北高等學校（大正十一年，一九二二年創校）[14]就讀，隨後前往京都帝國大學[15]留學，可說是走在菁英教育的道路上。培育本地人才的教育環境，在當時確實已有紮實的根基，且這批本地人才，後來也成為戰後臺灣社會的中堅份子。一九二八年（昭和三年），臺灣島內的最高學府——臺北帝國大學[16]成立了。

面對新制度的導入，日本人的心境可說是五味雜陳，畢竟臺灣是日本的首塊殖民地，所有

臺灣庶民的孩童對著總督府塔樓的剪影後方升起、寫著文教局[17]的月亮唱著：「出來了，出來了，月亮出來了，圓滾滾的月亮。」[18]（1926年10月3日）

的政策和制度都是無前例可循的嘗試。一九二二年（大正十一年），也就是臺北高等學校創立之年，國島氏繪製的諷刺漫畫，對同年開始實施的日臺共學教育表達出憂心，畢竟在此之前，日本人與臺灣人生活在相互隔離的教育環境，並沒有共同學習、就學的經驗，漫畫中的孩童應是小學生的年紀。不過，實際的狀況是，臺灣孩童要進入在臺日人就讀的初等教育學校，必須是出身富裕家庭的子弟才有可能。在中等教育和高等教育方面（臺北、臺南等總督府中學校、總督府高等女學校），開放臺灣人就學的名額，其難度和競爭率都比日本人子弟高出許多。

漫畫中，即使在音樂課裡臺灣人和日本人能夠一起跳舞，但是歌詞和音程上卻無法統一，顯示出兩個民族在語言和習慣上所存在的隔閡。在皇民化政策施行之下，強化了臺灣少年作為日本人的自覺，即使遭受到民族上的歧視與差別待遇，在合唱和舞蹈方面的能力卻日漸提升。日本統治從此時到終戰，僅剩二十多年的時間，[19]但即使在今天，因為歷史上這段期間的存在，而培養出緬懷日本時代、並且能夠說一口流利日文的日語世代。

除此之外，還有其他從日本人身上接收到的正面影響。臺灣人不只是從學校老師的身教上學習到日本精神，從部分的警官、總督府官員等日本人身上，也受到勤勉、忠義和重視信用等精神層面的影響。傾聽臺灣耆老的話語，據說日治時期在精神層面上最有意義的，就是民族意識的自覺。清朝統治時期，禁止漢人移民攜眷渡臺，因此就算是上溯父系祖先的系譜，

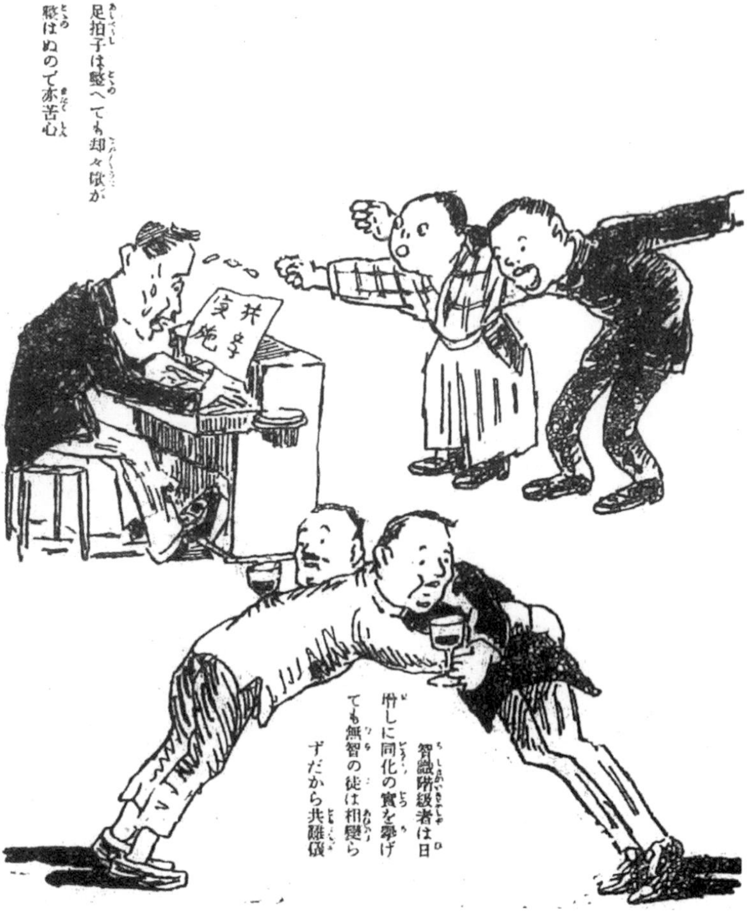

實施共學的曲子，「就算步伐合拍，歌聲卻無法一致。」下方是在宴席中無法做出西式問候禮儀的臺灣人。（1922 年 4 月 2 日）

母親多為平埔族，家族系譜也有些曖昧模糊。在此之前，臺灣人並沒有被政府直接管轄的經驗，也從未有過臺灣全島的整體概念；在如此的背景下，基本上屬於單一民族、使用單一語言、民族色彩濃厚的日本人來到島上統治管理。這可以說是臺灣人第一次體驗到有一面鏡子正強迫照在眼前，逼著臺灣人正視自身的景況。

臺灣人與日本人在表面上相互搭著肩，才開始逐漸認識對方，或者也可以說是認識自己。話雖如此，原本臺灣人與日本人雙方連結婚也是不被認可，共婚法的實施，已經是一九三二年（昭和七年）的時候。在諷刺漫畫中，新奇地描繪出日臺共婚的新鮮景象：在歌唱著「高砂」（裕仁親王，以「高砂」稱呼臺灣原住民，其後便成為日本稱呼臺灣原住民的名稱；不過早在豐臣秀吉時代，「高砂」便是臺灣的別稱）一曲的老人面前，穿著日式新郎禮服「紋付袴」的日本男子身旁，坐著一位頭戴中國風格頭飾的臺灣新娘，面露羞澀之貌。圖說中「活生生的臺灣娃娃人偶」，顯示出日本人面對臺灣新娘身上中國風格、惹人憐愛的「異樣」服裝，感受到如同娃娃人偶模樣的滑稽與怪異；同時從內臺結婚（融合）這個象徵性的議題中，也可以反映出這個時代人們所關心的課題以及不安的心理。

一九二五年（大正十四年），在日本本土同步實施「普通選舉法」和「治安維持法」，堪稱大正民主時期劃時代的制度及法律修正。「治安維持法」是為了排除當時日益高漲的共產黨勢力的威脅，與「普通選舉法」同被視為「糖果與鞭子」的配套法案。在臺灣方面，以「思

內臺結婚。唱著「高砂啊」的老翁，與為高砂族命名的昭和天皇後來的模樣相似，是否是偶然呢……？（1933 年 3 月 6 日）

手持共婚法之箭的邱比特（中川健藏），看見日臺組合的情侶，開心地說道：「讓我看到這麼恩愛的情景，怎麼能不把他們送作堆呢？」（1932 年 9 月 26 日）

想檢察官」與惡名昭彰的外地特高（特別高等警察），也就能夠以「治安維持法」的法律依據，舉發思想上的危險份子、打壓民族運動（不過，在臺灣被舉發的危險份子人數還是比內地少）。另一方面，臺灣人原本就不具備參政的權利，可以說是處在只有「鞭子」沒有糖果的狀態。雖然在隔年二月，日本政府以屬地主義為理由，賦予住在內地的臺灣人選舉權，但是不公平的感受，日本統治時期一直持續存在著。

儘管如此，以大正民主潮為契機而發起的內臺融合政策，給予島民[20]相互理解的大好機會。參加結婚典禮的內地人讚嘆道：「活生生的臺灣娃娃人偶……」。在此之前，他們並沒有想要注視臺灣人，又或者他們就連認真凝視的機會也沒有。如今，臺灣人充滿魅力的部分，才正要開始活生生地投映在他們的眼簾。

第二章
富裕又苦惱的蓬萊島

蓬萊米與香蕉的榮盛衰敗

在迪化街看見烏魚子時，筆者不禁在心中驚嘆道，在飲食上連烏魚肉也不屑一顧的日本人，竟然會將烏魚卵視為極品。烏魚子這種食物傳自中國，大約在日本統治臺灣的三百年前，日本長崎等地曾有少部分的地區會製作烏魚子。當日本人來到臺灣，接觸到道地的烏魚子後，便從日本召來專業師匠，從事品質的改良，成功地將烏魚子培育成臺灣著名的土產。在國島氏的漫畫中，內地的老翁手持來自臺灣的烏魚子贈禮，因未曾見過烏魚子的模樣，而以為是「蜜漬香蕉」，勾起讀者會心的一笑。

美味的臺灣香蕉，至今在日本仍是廣受青睞的進口水果。不過，當時臺灣的狀況並未確實地傳遞到日本內地，甚至有人出言揶揄，臺灣人的主食應該是產量豐富且名聞遐邇的香蕉。

凸爺：「老伴啊，兒子從臺灣寄了蜜漬香蕉來呢！臺灣真是煞費苦心、設想周到啊。」（1933 年 12 月 18 日）

難道也是基於這個緣故，而讓漫畫中的老翁以為烏魚子是蜜漬香蕉嗎？

話說回來，繪製這幅諷刺漫畫的國島氏，是熟知臺灣實情的內地人，其諷刺漫畫鎖定的讀者對象，大都是臺灣的內地人，大家在日常生活中應該都有食用烏魚子的經驗。正因為如此，國島氏的視角或許不是想傳達日本人的無知，而是將香蕉拿來作為蜜漬食品的獨特創見。當然，那時候並沒有所謂的蜜漬香蕉這種產品。

換句話說，國島氏雖未明言，但是他想藉由漫畫表現的意涵則是：「你看看！臺灣在販賣香蕉的事業上，也是花費了許多縝密的心思啊！」讓老翁發現到外地臺灣顯著的發展狀況，以及島民的靈活聰穎。

日治時代的臺灣，雖是稻米、砂糖、茶葉、樟腦和水果等農林業產品的盛產地區，但這些地位並不是在一朝一夕之間就確立起來的成果。其中，日本人的貢獻可說不勝枚舉，例如在蔗糖品種上實行改良的農學博士——新渡戶稻造、蓬萊米之父——磯永吉、紅茶之父——新井耕吉郎等。在三顧茅廬之下終於聘請到新渡戶稻造來臺的後藤新平，在殖民臺灣不久後的一八九九年（明治三十二年），於臺北、臺中、臺南地區設置農業試驗場；並且在一九二一年（大正十年），於臺灣總督府內成立中央研究所農業部，推行農產品的品質改良與管理事業。

起初臺灣栽種的稻米並不符合日本人的口味，是屬於細長、水分較少的秈米品種（在來

帶著新歡蓬萊米回到日本的內地人大爺，被內地米小姐發現。內地米小姐說道：「『飯』大爺啊，近來怎麼音訊全無啊。」內地人大爺的消費者答道：「真是煩人。」（1926 年 11 月 28 日）

米），品質也相對不佳，多餘的產量大都經由中國外銷至歐美等地。在明治時代，這些剩餘的臺灣米被集中至大稻埕，作為日俄戰爭的軍用米，大都由日本內地的貿易公司，像是三井物產等公司負責管理及運用。後來，大正時期的日本社會出現「戰後恐慌」，[1]島內由臺灣人經營的大型米行、茶行，則是日益繁盛，例如「瑞泰茶行」等，大稻埕地區可見各米行、茶行的豪華店面櫛比鱗次，如今大稻埕仍留有充滿西洋風格的建築物區。不過，這些臺灣米行與內地米商之間不斷重複著投機式的買賣行為，業界無法維持安定的狀況，米商生意的榮盛衰敗與大起大落，往往也是一夕之間的變化。

自明治初期開始，日本本土所消費的米糧大半幾乎都仰賴進口；因此，日本政府決定將臺灣、朝鮮等外地米作為國內米的生產基地，以取代進口外國米。磯永吉在臺中的十年間，帶入內地的粳稻（Japonica rice）品種，經過兩百次以上的試種和品種改良後，於一九二二年（大正十一年）完成新品種的稻米，將之命名為「蓬萊米」。然而，當時在日本內地，蓬萊米的評價不如朝鮮米。磯永吉繼續進行多次品種改良，一九三一年蓬萊米終於在內地成為廣受青睞的稻米品種。

除此之外，在稻作的核心地帶，完成了桃園大圳（一九二四年）、嘉南大圳（一九三〇年），實現了多期稻作的增產成果。許多原本從事蔗作的農家接連轉而種植稻作，甚至造成砂糖生產量大幅的減少。

「快來看看這驚人的表現。」肩扛著蓬萊米米袋的相撲選手，雙腳分別跨在臺灣及日本兩地。後方寫著「出口商」的烏鴉也是看得瞠目結舌。（1926 年 6 月 20 日）

在臺灣茶葉方面，由於政府採取保護日本內地茶農的政策，並不獎勵臺灣茶銷往日本內地，因此未能在日本普及。另一方面，由於原先未預想到蓬萊米會對內地稻作農家造成打擊，而採取將臺灣生產的蓬萊米移入日本的政策，但是到了一九三三年（昭和八年），蓬萊米也列入數量限制的對象名單。儘管如此，稻米與砂糖兩者依舊並列為臺灣的兩大出口產品，並支撐著戰後臺灣的經濟。

如今來到臺灣的超市，令人訝異的是架上陳列著比日本越光米（コシヒカリ）更為美味的臺灣米，且價格還較為低廉。臺灣人在農產品的改良擁有非常高超的技術，像是芒果、鳳梨等各式各樣的水果，也可以看見日新月異的改良品種，其背後的基礎包括筆者將在下一章論述的公共建設，早在日治時代就奠定下的基礎。

在日本統治臺灣後不久，政府便動員大量的日本研究人員，研究如何擴大香蕉的產量，並且從新加坡、菲律賓、夏威夷和爪哇進口三十多種不同的品種，種植於臺北士林園藝試驗分所[2]，進行品種改良的研究。此外，關於香蕉出口運送實驗等方面，例如船艙內的溫度與濕度調節等課題，也展開詳細的實驗。最後在一九一三年（大正二年），香蕉終於達到主要水果生產總值半數以上的成果。

然而，好景不常，到了一九二〇年代前半葉，香蕉的價格下滑，加上美國經濟大恐慌的影響，日本對於香蕉的內需也大幅減少。作為生產方的臺中州，為了以運費補貼虧損，而要求當時獨佔內臺航線的日本郵船和大阪商船，調降基隆到神戶的運輸費用，但遭到拒絕。對此，早就企圖開發臺灣航路的新興船運公司——山下汽船，便抓住了這個千載難逢的好機會。山下汽船以開設高雄與橫濱之間的定期航路為條件，一手包辦臺中州生產香蕉的運送事業。如此一來，由臺中州至京濱市場[3]的運送，在時間和費用上都降低了負擔。

以此為契機，臺中州成立了「青果同業組合」[4]，並且排擠非合作社成員的小型生產者。據說在基隆港未能運出的香蕉堆積如山，最後只能任其腐敗（稱為「香蕉自由出口問題」之騷動）。[5]由於組合成立得以免除中盤商從中獲取暴利，其他各州也紛紛群起效尤。不久，由臺灣總督府成立半官半民的臺灣青果株式會社，[6]這是臺灣各地蕉農首次團結一致，向內地展開銷售攻勢。[7]

另一方面，與香蕉一同在內地受到日本消費者青睞的臺灣水果是鳳梨。將鳳梨製成罐頭，其出口量在大正時期呈現急速成長的趨勢。而臺灣的另一項著名土產——西瓜，也打算跟進，加入出口的行列，後來卻因為頻發於琉球以南的瓜實蠅（Melon fly）蟲害問題（寄生在瓜類和水果中的害蟲），而無法獲得中央政府的許可，出口計畫的停滯狀況遠遠超過臺灣當局的預期。「西瓜出口問題」於是成為臺灣報紙連日討論的議題。

總結上述，臺灣的農產品在與內地、朝鮮和外國產品的激烈競爭下，雖然受到種種的限制與規範，卻還是十分堅毅地勇渡東海，抵達了日本內地。

打造臺灣心臟的日本人

在農產品的出口上，港灣建設與連結港灣的島內鐵路是必要的。一九〇八年（明治四十一年）臺灣縱貫鐵路完工通車，一九二二年（大正十一年）開通海岸線鐵路。當時，國島氏畫出「（臺灣鐵路）像是香蕉一般的形狀」，實際上也和臺灣香蕉大量出口的時期相互重疊。

臺灣島內的中央地帶，因高山縱走而難以建設橫貫道路，在物資的運送上大都仰賴海上交通網路，像是大稻埕這種位於河畔、方便貨物搬運之處。在日本殖民之前，能夠容納小型船隻靠港的簡陋港口，就只有基隆、淡水、臺南（安平）和高雄（打狗）這四處。到了日治時期，日本人除了在臺灣島內鋪設鐵路及公路網之外，也致力於推進基隆和高雄港口的建設事業。基隆港於明治時代晚期完工，之後高雄港也完成了第二期的建設工程。基隆與高雄這兩大貿易港口，開始支撐起臺灣的經濟發展。

在農業方面，貢獻殊偉的公共建設，當屬前文述及的嘉南大圳。若到臺灣旅行，應該可以看到從中央山脈上一路奔流下來的河口堆滿巨石和流木的情景。在高山降下的大雨，匯聚成激流的河川，一路向下奔流，連帶沖刷、帶走平地土壤中的養分和水分。臺灣中部廣大的平原雖是穀倉地帶，但因為水利灌溉事業而難以整備齊全，因此無法發揮原本的潛力。稻田裡的水就像鏡子一般，可以倒映出影像，因此國島氏一針見血地比喻描繪出，若是遇到這片土

水稻無法插秧……[8]「同樣是可以倒映出影像的鏡子，但就算是沾上口水，也是沒辦法黏在上頭。」遇到乾旱時，農民彷彿是在鏡面上種稻一般。（1929 年 4 月 15 日）

地上的名產——乾旱，那麼農民也只能過著如同在鏡子上無法插秧的生活了。

然而，將這面鏡子改造成水田的人物，便是建造嘉南大圳的技師——八田與一，有關他的軼事佳話，已不需贅述。讓國島氏更為頻繁繪製的，則是另一項臺灣大型基礎建設——「日月潭工程」，建造自然湖泊的水庫，同時也能提供灌溉用水。日月潭位於臺灣的中央地帶，為海拔七百五十公尺高的自然湖泊，提高水位建造發電用的蓄水池，[9]最大發電量可達十萬千瓦，是當時東洋最大的發電廠建造計畫。由於日月潭位於臺灣的中心，是提供臺灣電力設施運轉的一大電源，有「臺灣的心臟」之稱。

日月潭工程是在前文述及的第七任臺灣總督——明石元二郎賭上性命之下而推展的，可說是將臺灣從農業國家轉向工業國家的一大建設計畫。然而，因為經濟蕭條和龐大的工程費用，工程中斷長達十年。為了這項建設工程而設立的「臺灣電力株式會社」，是臺灣最大半官營半民營的公司；日月潭工程將臺灣及日本經濟圈都牽連其中，引發了各式各樣戲劇化的社會與政治問題。國島氏對此當然是興味盎然。

以臺灣電力株式會社和日月潭為主題的諷刺漫畫，國島氏共繪製了四十張以上的作品，例如在臺灣十分珍貴的天然湖日月潭，國島氏畫出施工前負責調查的學者奮力將刻著日月潭的這塊石碑拓印下來：「拓印後便可以永存後世。」或者臺灣電力株式會社的首任老闆高木友枝，正在哺餵缺乏資金的日月潭嬰孩；以及高木氏的後任者，重新啟動並完成日月潭工程的

揮舞著建設嘉南大圳大旗的旗手——臺南廳長枝德二，成為「嘉南大宗教」的領袖，在街頭宣教：「相信這項計畫吧。」（1927 年 3 月 20 日）

「就算原物被毀壞殆盡，只要事先進行「遺資摺」（拓印），就能永久保存，長留後世。」日本人在 1934 年的工程中，將天然雙潭日月潭的水位升高，變更為人工湖。（1929 年 1 月 28 日）

第三任經營者松木幹一郎，在「天岩戶」[10]前化身為「天鈿女命」[11]跳舞，為日月潭工程的復工注入光明等，國島氏揶揄諷刺的功力可說是相當敏銳。彷彿是在呼應國島氏職業生涯的巔峰，當時，日月潭工程接連引爆出一連串的問題[12]，最後甚至演變成為臺灣此一殖民地存在價值的大哉問，亦即「日月潭問題」。[13]工程在國島氏辭去報社職務時完工。[14]

埋藏在福爾摩沙的寶藏

十五世紀，葡萄牙人在海上發現了臺灣島，以「福爾摩沙」（美麗之島）形容臺灣；後來其與英國爭奪霸權而敗北，但一六二四年實際來到福爾摩沙島上、取代葡萄牙的則是西班牙人。

佔領臺南、基隆和淡水的西班牙人，發現臺灣原住民身上穿戴著以黃金製成的飾品，探問之下，得知黃金的產地在臺灣東部。西班牙人在南部的恆春及東部的臺東發現砂金，並前往東海岸的山區、溪谷尋找金礦。最後他們的淘金夢尚未實現，便被荷蘭人驅逐出臺灣，臺灣全島於是置於荷蘭的統治範圍之下。[15]而金礦位在東部的預測，事實上也算是正確，在日本人統治臺灣之前，臺灣人偶然發現了位於東北部的金瓜石礦山。

中國流傳下來兩千多年以前的古代經典《列子》中曾提及，相傳蓬萊島是漂浮在東方海面上，眾家神仙所居住的島嶼；據說秦始皇將蓬萊仙島視為東方樂土，並曾派人出海探尋。這

臺灣電力株式會社老闆——在跳著舞的松木幹一郎面前，執政者扳開了中央政府的「天岩戶」，日月潭工程復工的亮光照射出來。下方正在拍手的是臺灣大眾。（1930 年 10 月 27 日）

或許是臺灣自古以來被稱呼為蓬萊島的緣由。自中世紀[16]後，歐洲人對東方抱持著黃金國的幻想，與這一個既有印象重疊，日本人將臺灣納為殖民地後，或多或少也對臺灣懷抱著類似的夢想。

在國島氏的漫畫中，明顯地點出諸如此類的尋寶夢。令人不禁猜疑，從後藤新平時代起，日本人之所以卯足全力地開發這塊「化外之地」，是基於他們在尋寶夢中所看見，這塊寶島上潛藏著巨大的未知與可能性，而激發出來的動力嗎？

一九三一年（昭和六年），原秋田礦山專門學校[17]校長、工學博士橫堀浩三郎表示，埋藏在臺灣全島的金礦與砂金的總量，價值超過四十億日圓。這消息一出，引發各界議論。當時正好是日月潭工程復工的前夕，謠傳可能是為了臺灣電力株式會社的外債借款，而故意放出風聲，希望能夠吸引海外投資家的目光與投資欲望。換句話說，這是臺灣總督府希望對外界塑造出「臺灣是一個值得投資的寶島」形象，而釋出的消息，其內容大半是虛假。然而，臺灣島民內心卻充滿期待，大家殷殷盼望著博士所說的金礦，究竟何時可以挖掘出來？

金瓜石的金礦在日治時期挖掘殆盡後，便未再出現新的金脈。如今，金瓜石礦坑在整理過後，開放為臺灣的觀光地，讓世人得以一窺當時挖掘金礦的模樣。因此不難想像當時對於臺灣的淘金熱、西班牙人在臺尋金的探險，以及在橫堀博士的發表後騷然不已的社會景況。

臺灣雖也進行煤礦的開發，但是優良的煤礦大都潛藏於礦區深處，在挖礦開採的技術上有

「近來的睡意全消」——橫堀博士的雷神，與「一夜致富」的風鈴產生共鳴，島民坐立不安地表示：「雷聲轟隆作響，感受到好景氣，不過不見雨滴，令人心神不寧。」（1931 年 6 月 30 日）

其難盡之處。相對地，對岸中國出口的煤礦品質優良且價格低廉，臺灣也幾乎要仰賴進口。另外，活用臺灣島內山岳高低落差的條件來發電的水力發電廠建設，可說是一項合理的開發工程。

接下來，讓我們將目光從上述的礦產資源，轉向島上佔有大量面積的山岳地帶。事實上，臺灣的山岳對日本人而言果真是「寶山」，不只有以檜木為主的木材，還有樟腦。

應該有許多人曾親眼目睹阿里山等地廣闊的檜木林。其實至一九九〇年代為止，臺灣有一部分的山林是禁止進入的地區，像是近年才對外開放的桃園近郊的檜木林等，所擁有令人驚嘆的高大神木樹齡高達兩千年。這些珍貴的巨大樹木只分布在日本和臺灣地區，可見臺灣的山區是蘊藏許多珍貴樹材的寶庫。而阿里山的檜木就樹材的性質來說，非常持久耐用，屬於高級建材，在日治時期被大量搬運至內地，像是日本海軍的長門號戰艦甲板、明治神宮前的巨大鳥居，都是使用阿里山的檜木作為建材。過往作為搬運木材的阿里山鐵道，如今已成為觀光客聚集的知名景點。

另一方面，至大正時代為止，從樟木萃取而出的樟腦，運用在賽璐珞的塑化劑及防蟲劑上，是臺灣總督府在統治初期的重要出口產品之一。總督府在臺灣中部推動樟樹造林計畫，成為世界上首屈一指的樟腦產地；但是到了大正晚期，德國開發出工業用的合成樟腦，並且在塑膠成為主流之後，樟腦的銷路便日漸衰退。

面對無論等再久都等不到的金脈，企圖搭訕女性的男士：「發現金礦。與其去挖那些不一定挖得到金子的礦山，不如想想該如何征服她們，還比較實際和快速。」（1933 年 1 月 30 日）

如果我們再將目光轉向海洋，同樣能發現到寶貴的天然資源。報紙（《臺灣日日新報》一九二七年七月二十二日）上，以「陸地埋藏的黃金，與生長在海底的珊瑚，同為世間珍寶」為標題，熱烈地報導珊瑚的消息。臺灣珊瑚品質優良，在大正時代掀起一股採集珊瑚的熱潮。

在此之前，原產於地中海的珊瑚，大都作為觀賞用途，是在義大利進行加工。當原產地的珊瑚減少之後，從土佐[18]和薩摩[19]出口的珊瑚數量日漸增長。臺灣漁夫眼見日本出口珊瑚事業繁盛，紛紛爭相潛入海底或開著拖網漁船，鎖定珊瑚礁的位置來摘採珊瑚。在基隆一帶的海域，短短一年間，「摘採珊瑚的總價值高達百萬日圓」、「不管是誰都來參一腳」，最後當然是幾家歡樂幾家愁，據說也有人因此蒙受巨額損失，只能連夜逃亡躲避債主。

濫採珊瑚的結果，使珊瑚資源在三年後便告枯竭，甚至發展出與琉球之間的摘採權糾紛。對此，憂心環境遭到破壞的臺灣總督府，因而設立法令來限制。[20]

戰後，國民黨政府以日本人濫採臺灣檜木等天然資源、破壞山林的說法，進行反日宣傳。但事實上，出身山林大國的日本人，對島內的木材是以嚴謹的態度進行開採，反倒是國民黨政府，絲毫不顧山地的環境保護而濫墾濫伐。臺灣總督府負責管理天然資源的開發狀況，避免濫墾、濫採的情況發生，並且依據科學家的調查報告，擬定計畫性的採伐與保護。

總督府持續地向臺灣住民灌輸以下的概念：擁有豐厚天然資源的臺灣，在帝國政府的加以

日本的天然樟腦，被騎著腳踏車的德國人造樟腦追趕而過。日本天然樟腦發下豪語：「在平地雖然略遜一籌，一旦遇上坡道，就等著瞧吧，一定會追過你的！」（1930年9月22日）

摘採珊瑚的熱潮到來。在漁船上升起「單趟收入可達三百日圓以上」的狼煙。「這麼說來，不去捕魚不是沒有道理的。」（1924 年 7 月 13 日）

維護之下，將會是一個在未來充滿各種可能的蓬萊寶島。特別是在關東大地震的那一年，臺灣民眾切實地感受到，自己何其有幸，生活在和平、豐饒與繁榮的寶島上。在國島氏的漫畫中也描繪出，前往臺灣神社（臺北）參拜的民眾，以及微笑互視的家人，圖旁寫道：「何其有幸（……）真是感謝蓬萊島的名副其實。天災地變後，哀鴻遍野、人間地獄的景況也都只在照片中看過。」

圖片中的家人，父親是臺灣銀行、母親是臺灣電力株式會社、小孩則分別是商工、產業、瓦斯、商業或工程，顯示出臺灣兩大國策企業[21]將會擁護臺灣的經濟和公共事業之期待。小孩手中高舉「沒錢仙貝」，宣示「即便是貧窮的家庭，也能夠過著幸福的日子。」即使如此，從這張圖片中，還是可以看出以「蓬萊島」之名作為宣傳，加上日月潭和嘉南大圳等大型工程計畫令人感到安心，以及支撐著工程計畫的豐富天然資源，塑造出對於臺灣未來即將邁向豐饒、富裕的期待。

然而，臺灣的潛力其實是本島人。雖然日本政府獎勵內地人移居臺灣，但在人口比例上，本島人的人數依舊維持著壓倒性多數的優勢。這些本島人的祖先，在清朝禁止漢人移民攜眷渡臺的條件下，開墾拓荒與瘴癘惡疾搏鬥，進而吸收日本人勤勉等優點，成長為更加堅毅的民族。

「不負蓬萊島之名的恩惠。」「沒錢仙貝」旗幟的後方，可以看見的鳥居等景色，為臺北的臺灣神社。（1923 年 10 月 28 日）

看見街道上四處林立的產婆看板，驚訝不已的內地人士：「真不愧是臺灣。就算將臺灣納為殖民地已經過了三十幾年，內地人還是不到二十萬人啊。」（1929 年 10 月 21 日）

另一方面，關於徹底擊潰日本經濟政治中心的關東大地震，屬於外地的臺灣又如何看待這場突如其來的天災呢？

第三章
震撼與共鳴的關東大地震

對著捐款金計量機器為日本注入活力的臺灣民眾

一九二三年（大正十二年）九月一日，週六上午十一點五十八分，相模灣發生了規模七點九的大地震。以帝都（東京）和橫濱為中心，這場地震帶來毀滅性的破壞，加上地震發生時刻正好是近午時分，適逢午餐時間用火而導致火災，火勢在市街上蔓延，災情不斷擴大。死亡或行蹤不明的人數多達十萬五千三百八十五人，房屋全倒、半倒或是燒毀的總數高達六十三萬戶。

在日本躋身世界大國的二十幾年後，發生了這場史無前例的首都震央型地震，讓日本的政治與經濟機能陷入停擺。

當時臺灣將這場地震稱為「京濱震災」、「東京方面大震災」，其淒慘、驚恐的狀況也透過

對臺灣島民而言，「帝都震災」的消息，就像是死神以「火山大爆發」的斧頭，從日本人背後突襲一般，令人措手不及。（1923 年 9 月 9 日）

報導，一一傳達至臺灣島民的眼中。

報上刊出「帝都宛如人間煉獄，橫屍遍野，淒慘至極」（《臺灣日日新報》九月三日）的標題，而漫畫中甚至以死神從人類背後突襲的表現方式，顯示出震災消息所帶來的衝擊。

由於內地陷入一片混亂，難以和外界順利地取得聯繫，當時關於東京地震的消息在臺北謠言四起，如「富士山火山大爆發」、「帝都全毀」、「秩父山脈、槍岳也出現火山爆發」等流言在大街小巷中流傳。街道上發送號外消息的派報員，腰上繫著鈴鐺，四處遞發號外小報，上頭寫的盡是些空穴來風的聳動內容，不祥的流言蜚語，更迅速地擴散開來。例如內地的伊豆群島因火山爆發而滅島、三浦半島沉沒、海嘯甚至波及赤城山[1]一帶等，這些道聽塗說、捕風捉影的傳聞，更助長臺灣島民內心的恐慌與混亂。

儘管如此，臺灣島民的反應可說十分地敏捷。在地震發生的隔天，經過官民協議展開募款活動，以一日圓為一單位，希望於九月三十日前能夠募得二十萬日圓以上的賑災金，與賑災物資一同運往大阪，再經由陸運送抵東京。此外，至九月四日的上午，賑災募款協議會於臺北州廳成立，並發表如下聲明：

「對這場前所未有的災難，相對於表達憐憫之情的其他同胞，原本將臺灣的賑災募款最低目標金額訂為二十萬日圓，此項目標似乎有些低估臺灣本島的能力，因此站在臺北市的立場，我們希望能努力將全島的募款總額提高到三十、四十萬日圓以上。」

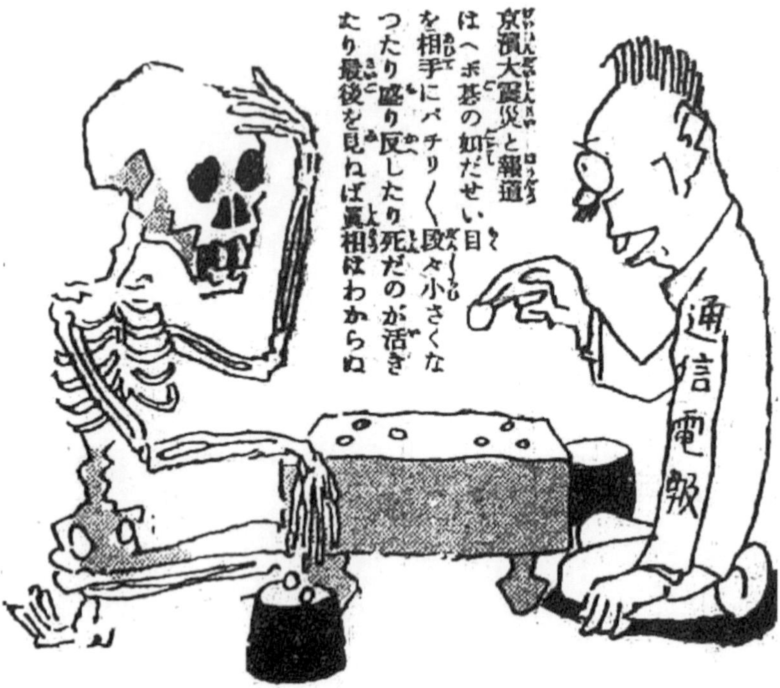
京濱大震災と報道
はヘボ碁の如だせい目
を相手にパチリ〳〵段々小さくな
つたり盛り反したり死だのが活き
たり最後を見ねば眞相はわからぬ
通信電報

正與骷髏下圍棋的「通信電報」機關，出手捉摸不定。「京濱大震災與報導媒體，就像是在下一盤爛棋——不到最後，無法得知真相為何。」（1923年9月9日）

全島各地方議會也陸續決定，要盡可能地提高募款目標。並且，與二〇一一年發生的日本東北大地震相同，臺灣市民開始踴躍地捐款。

起初設定的二十萬日圓目標金額，馬上就順利達成，在地震發生一週後，募款金已經突破七十萬日圓，最後臺灣所捐贈的物資（約佔整體的百分之二十）和金額，合計超過一百二十七萬日圓（以現今的價值來計算，約為三十億日圓以上）；而當時日本國內的賑災物資和資金，共計超過六千萬日圓。相較於同為殖民地，人口總數約為臺灣的五倍，且財閥眾多的朝鮮（捐款約一百九十萬日圓，其中物資佔百分之三十），臺灣人口大半比例為低所得的本島人，且基本上並不存在所謂的大企業等社會結構，居然能夠捐出高達一百二十七萬日圓的金額，實在難能可貴。附帶一提，新潟縣在日本各縣人口數量上是名列前茅的大縣，僅次於福岡縣與愛知縣，有近一百八十萬的人口，其捐款總額為一百三十四萬日圓，臺灣的一百二十七萬日圓緊追在後，相當饒富深意。

東京大地震發生的當月月底，國島氏在漫畫中難掩內心欣喜地繪出：平日鍛鍊有加的臺灣島民，彷彿是在比賽肺活量一樣，對著「臺灣．捐款金計量機器」吹氣，「為防患於未然，平日便鍛鍊有加的強健體魄，以充沛的肺活量，頃刻之間，深吸吐氣後指針便向上直衝，突破二十萬日圓，其驚人的表現真是讓人刮目相看、拍案叫絕。」（九月三十日）其實對臺灣人而言，地震的損害並非事不關己，一九〇六年（明治三十九年）三月十七日，以嘉義地區

以「平日便鍛鍊有加的強健體魄」，對著「捐款金計量機器」吹氣的臺灣人。機器的指針已經達到二十萬日圓的位置。（1923 年 9 月 30 日）

為中心，曾發生強震災害，造成三千六百人死亡，而全倒的房屋更是高達兩萬棟。

在報社方面，秉持著「貧者一燈勝過富者萬燈」的立場，報導了許多「基於憐憫之情，割肉捨身，捐贈一日圓、兩日圓」的美談佳話。例如位於基隆的貧困家庭，父親早逝，與母親相依為命的姊弟，捐出原本預備用來添置冬衣的積蓄十五日圓（約為現今的五萬日圓）。此外，在羅東郡轄區內的番社，共有兩百八十九名原住民自願捐出四十七日圓（約為現今的十五萬日圓）；對此，媒體以「收入微薄、接受政府資助的原住民，慷慨解囊的善意」為標題大肆地進行報導。

在內地人方面，也有中壢郡的小學四年級男學生（十歲，工頭次子），將原本為了買網球拍所儲蓄下來的一圓五十錢的零用錢送至警察局。不過，報導並非只篩選出內地人和原住民的美談進行報導。

舉例來說，關於「本島人的發奮善舉，內地人顏面盡失」（九月十日）之報導一文中敘述，第一公學校的本島人學生，拿出零用錢和郵局的積蓄共兩日圓，交給學校老師作為賑災的捐款金，沒想到居然被學校懷疑「內有隱情」，甚至對該學生進行詢問、確認的程序，顯示出日、臺人的差別待遇。另一方面，在臺中市的內地人，為了壓低賑災捐款的金額，選擇前往報社捐款，而非平日有所往來的市役所，藉此避開被熟人認出的風險。這種行為被識破後，報社譴責這些內地人「居然為了降低（捐款金額）而逃避，實在是不近人情」（括弧內為筆者加註）。

除此之外，由於雜貨、木材、食品等物價上漲，政府也針對趁亂攫取暴利的奸商和動亂加強取締。有關當時的狀況，漫畫裡多以誇飾的筆法呈現。在國島氏的其他漫畫中，表達出臺灣艱苦的財政狀況：「六成遲繳，沒收凍結，不要說是趁夜逃亡[2]，就連在大白天的狀態下，逃之夭夭的人也有。賑災捐款金更是雪上加霜，在縮衣節食、傾其所有之後，終於擠出一百二十萬日圓。」（十月十四日漫畫）

實際上因經濟蕭條，募款工作非常地艱辛。在漫畫中臺灣仕紳被名為「高官介紹信」的大刀和「募款賑災資金」的手槍威脅，懇求「請留我一條性命吧」的光景，道出募款背後的實情。此外官吏們也依據職位等級換算比例，直接從薪資中強制徵收捐款。「勅任官」[3]以及年收入超過八千日圓以上的「囑託員」[4]必須徵收實際月薪的四分之一以上作為賑災捐款；「判任官」[5]中，實際月薪一百八十日圓以上者需徵收百分之十，月薪未滿四十日圓者則徵收百分之二，採累進制度計算。這些官吏及公務體系職員的人數雖不多，但愈是擁有高收入者，便愈會被強制徵收高額的捐款金。因此也刊登出紳士間的詼諧對話——將捐款金的日文漢字「義捐金」（gi-en-kin），揶揄地讀為「gi-son-kin」（義損金），表示是基於「責任」[6]而「損失」[7]的「金錢」，敏銳地諷刺當時的社會狀況。

這場震災對臺灣經濟帶來的影響日益加劇。臺北的花柳業界、表演娛樂業，甚至牙醫的客

官吏以「募款賑災資金的手槍」和「高官介紹信的大刀」威脅灣紳（臺灣仕紳），其模樣滑稽可笑。（1923 年 10 月 28 日）

源都有減少的趨勢。另一方面，也有人提出向前往遊廓[8]的人收取過路費來作為賑災捐款；或者向酒品、香菸的消費者、參加宴會者及乘坐二等列車車廂的乘客、擁有別墅的人士徵收賑災捐款，這些都成為報紙諷刺漫畫的題材。

不過，在這段非常時期，報社刪減了報紙上的漫畫版面，轉而刊載「賑災救護警戒概況」，傳達並更新帝都的救援與復原狀況，並且刊登捐贈者的姓名。

從大碗溢出的受災戶

在地震發生後，京濱地區的居民移住關西的人增多，特別是大阪，直到昭和初期為止，人口數一時變得高於帝都東京（在地震發生前，大阪的人口數大約比東京少一一〇萬人）。當時，臺灣也是政府獎勵的移住地點之一，受災戶接連前往避難或移居。在地震發生後的兩個月間，政府免費提供受災戶乘坐渡航船隻，據說許多受災戶前仆後繼地「出逃」至臺灣（國島氏）。

在漫畫中，以「都七士落」[9]為題，描繪七大職業的人士朝著臺灣的方向走去，而富士山則成為七士遠去的背景。「七士」即為腰便（領取微薄月薪的底層公職人員）[10]、演藝人員、文人雅士、女演員、男演員、畫家與學生。這幅作品生動地描繪出「腰便」被開除後，拿著自己被砍下的首級，[11]而且還缺了一隻腳，拄著拐杖行走的狀態。

「都七士落」，因為地震的災害而失去工作，逃往臺灣的學生、畫家、男演員、女演員、文人雅士、演藝人員和腰便（領取微薄月薪的低層公職人員）。（1923 年 10 月 7 日）

儘管如此，學生以及畫家（國島氏的同業人士）精神抖擻地走在隊伍最前方，象徵著臺灣充實的文教環境，繪畫藝術層面也正走向興盛、繁榮的發展道路（其後，國島氏隨即參與創立日本畫家協會的事業，日益精進繪畫事業；其結果使日本畫以及各流派的繪畫創作環境，也逐漸在臺灣整建完備）。

在其他的漫畫中，則是道出嚴峻的現實狀況——受災戶飛越富士山，準備降落在蓬萊島，而等在他們下方的，卻是「不景氣與就職困難的臺灣」之鋒利的尖刺。另外，由於前往臺灣避難的人數過多，臺灣方面來不及作出對應，導致不少避難者最後還是被遣返回日本。漫畫中以滿溢的大碗（臺灣）形容「避難者過多的狀態」。

當時的臺灣，因經濟不景氣，苦於就職困難的社會問題，加上大批日本難民的蜂擁而至，照理來說應該是對臺灣島民造成了極大的負擔。不過，據說大部分的臺灣人仍舊以體貼的溫情來對待這些避難民眾。對於地震當時停留在內地的臺灣人和留學生等「受災歸國者」，讓他們能夠免費搭乘鐵路回到島內老家，甚至支付他們的便當費用。

順道一提，這些受災者在臺灣所見到的現代化的市街與基礎建設，其背後的建設功臣是後藤新平，他在關東大地震後擔任臨時內務大臣，並擔任帝都復興院總裁。後藤新平此次肩負的重任，是帝都的重建計畫（將於後文詳述）。

受災戶「氣勢過於旺盛，飛過了頭」，掉到了「不景氣、就職困難的臺灣」這座針氈上。（1923年10月7日）

從內地來的「過多避難者」，雖然跳進了「臺灣」的大碗，最後卻還是溢出碗外，面臨「キコク」（歸國）的下場。（1923 年 10 月 7 日）

共同體會震災下的心情！

另一方面，因為發生關東大地震，日月潭工程的資金調度陷入絕境；最後，新上任的內田嘉吉總督只好下令停止工程。

在漫畫中，描繪著「臺灣」的船隻漂浮在基隆河上，實業家和債權人望著對岸「電力工程中止」的煙火，愁容滿面。

光是這一點，就足以證明臺灣經濟與日本內地的連動關係。在國島氏的漫畫中，臺灣島民為了體諒受災戶的心情，試圖模仿東京極度節約的狀態，不過模仿的手法卻也反映出臺灣島民樂天的性格，十分有趣。

在某一幅六格漫畫中，走進小酒館的兩位中年男子，向老闆娘告知：「我們是為了體驗震災的氣氛而來的，拜託妳了。」他們坐在榻榻米的座席之上，讚嘆著店家送上的「震災料理」、「原來如此，真是設想周到啊。看起來只是個玄米飯糰，裡頭居然加了鴕鳥肉。」加上以馬口鐵製的餐具，讓這兩位男子讚賞道：「非常好。」看起來十分滿足的模樣。這是因為餐廳提供的料理是緊急糧食的關係，除此之外，為進一步營造震災時期的氛圍，女服務員穿著一件和服的襯衣出場，在店內單手提燈籠，跳著「震災節」的舞蹈，宛如置身於燈光消失的街道一般，形成不可思議的氛圍。

在對岸「東都救助」、「免職」、「淘汰」、「電力工事中止」等煙火下方，可以看見寫著「銀行破產」的燈籠。（1923 年 12 月 16 日）

兩位中年男子前往酒館，說道：「我們是為了感受震災的氣氛而來的。」在席間享受了「震災料理」和「震災節」氛圍之後卻說：「捐款金下次再給吧。」飽餐後企圖逃跑……。（1923年10月28日）

然後這兩名中年男子似乎企圖吃霸王餐，拿起棒子大喊：「有人被攻擊了！自警團[12]這樣下去不行啊！」並打算奔出酒館。機警的老闆娘在後方抓住棍棒說：「請結帳！」男子迫不得已只好回答：「捐款金我下次再給妳吧。」此處顯然是在嘲諷震災後仍舊無法放棄揮霍習慣的花柳界及顧客。

另一幅六格漫畫的主角人物是國島氏漫畫中經常出現的在臺日人「凸山」氏。凸山氏從媒體報導中得知，震災後的東京人正過著撙節用度的生活。他假設自己成為獄中之囚，下定決心展開節約的簡樸生活。在漫畫中描繪了他思考出簡約生活的方法，例如以鏡子反射燈火的光線來看報、使用公園噴水池的水、以廉價的酒桶為住家、從窗戶照射進來的日光可替代日晷等，實在有些荒唐可笑。

除此之外，還有在衣服貼上廣告（上頭寫著仁丹、菸草請選擇敷島、東光肥皂、限臺日寫真部等字樣）的「免費衣裝」，凸山氏甚至還決定開始撿拾廢棄物品。話雖如此，上述所有的節約方式，凸山氏恐怕一項也沒實行。因為這些內容其實都是在諷刺社會（總督府及民眾）浪費揮霍的習慣和政策。

前述的燈光、噴水池、貼上廣告的西裝，和撿拾廢物進行再利用的行為，都是在嘲諷節省能源的努力和奢侈的生活習慣；以酒桶為住家，代替日晷的方法，其實是向採取「近代化」的臺灣總督府表示，使用電動號笛取代午砲報時制度實為徒勞之舉。從這一連串透過漫畫而

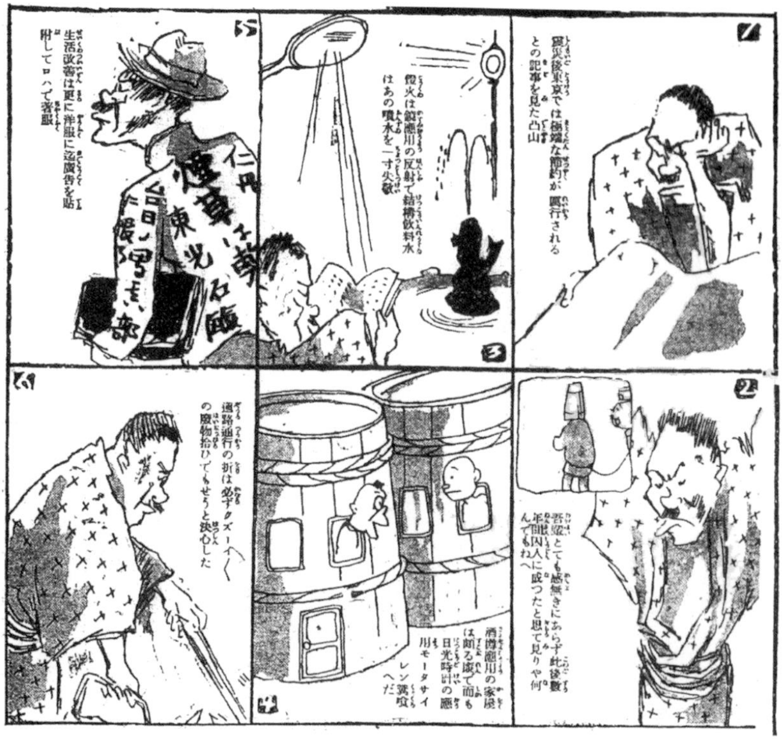

六格漫畫裡，內地人「凸山」氏得知在地震後的東京，人人過著處處節約的生活，自己也下定決心，打算展開簡樸生活。（1923 年 10 月 21 日）

表達的揶揄諷刺，其實可以看出，在臺灣發行的報紙，雖然連漫畫也需要經過總督府的嚴格查閱，但實際上，諷刺漫畫卻還是發揮了有限度的自由。或許是因為漫畫作者以震災為題，與臺灣行政並未存在任何關聯，讓檢閱官未能深究其中隱含的深意。

國島氏在這個時期已熟知臺灣的社會風俗，他以荒誕無稽的故事設定來暗中揶揄政治、社會，諷刺的功力與手法可謂進步神速；另外日本發生前所未見的大災難——關東大地震，也是背後重要的契機之一。

團結合作，走向復興之路

在關東大地震發生的前八天，[13]日本首相加藤友三郎於任期之內逝世，緊急由當時的外務大臣內田康哉兼任內閣總理大臣。

面對共產主義份子對國體的挑戰，以及朝鮮人發起暴動的威脅，日本民眾人心惶惶、惴惴不安，緊張的氛圍也擴散至臺灣島內。

後藤新平在結束臺灣民政長官的職務後，成功地完成了滿洲的治理工作，[14]繼寺內內閣之後，再次就任內務大臣[15]的職位，擔起「地震內閣」復興工作的重責大任。而農商務大臣兼司法大臣的職位則由從臺灣召回的田健治郎出任（寺內內閣時擔任遞信大臣）。在此之前，田健治郎是繼明石元二郎之後的臺灣總督，任內正好是執行日月潭初期工程的時期。在財務

內田總督手持「農為國本」、「民眾生活安定」的鋤頭耕田，並撒下「本島文化發展」的種子。（1923 年 10 月 21 日）

大臣方面，後藤新平邀請原日本銀行總裁[16]井上準之助擔任，井上氏在後來的濱口內閣時期也擔任財務大臣的職位，再次擔任日本銀行總裁[17]期間，與日月潭工程的復工計畫有所關聯。如此一來，震災期間由各地招攬的「超然內閣」（跨黨派內閣）組織正式成形。

內閣的交替同時也意味著臺灣總督的替換，新上任的內田總督基於日本國內的緊急狀態，向臺灣島民傳達應當配合總督府「一視同仁、團結合作」的原則，並且親自手持鋤頭下田，宣揚「農為國本」的原則。

一九二三年十二月二十七日，發生無政府主義者攻擊皇太子[18]的「虎門事件」，山本內閣因此全體辭職下臺。在關東大地震發生後，社會氣氛陷入一片低迷；新的一年來臨，皇太子成婚的消息迅速傳遍蓬萊島，街巷又明朗起來。在國島氏的漫畫中，萬人騷動的模樣像是發生大地震一般，鼴鼠在地底下遞發「號外」消息，指稱「震源來自東洋大日本帝國」，地震鯰魚[19]則是驚慌地大叫：「天花板的地震啊！」鯰魚親子一同落荒而逃，赤化[20]鬼怪表示：「現在安全的地方是俄羅斯，快逃啊！」急忙奔逃。

在關東大地震發生前五個月，這位皇太子曾造訪臺灣。國島氏這樣形容豬年的臺灣，「如山豬般勇猛前進，屢傳捷報，創下本島珍貴的新紀錄。此乃不負福爾摩沙、蓬萊高砂島之名的偉大成就。」在國島氏的漫畫中，描繪臺灣人騎乘山豬，銳不可擋的模樣，臺灣人手上的韁繩旁寫著「殿下行啟」[21]，並將之喻為「特賜天恩」。

裕仁親王（也就是後來的昭和天皇）首次造訪臺灣的行旅，在臺灣社會掀起一大騷動。

慶祝皇太子成婚的燈籠隊伍，讓臺北下方的地震鯰魚驚慌失措。（1924 年 1 月 26 日）

豬年回想。（1923 年 12 月 23 日）

第四章
皇太子來了——走向開明之世

手忙腳亂的「恭迎」準備

一九二三年（大正十二年）三月二十日的《臺灣日日新報》上，興高采烈的報導著：「皇太子殿下將蒞臨我高砂島，光榮之日，正一日日地逼近眼前。」

當時正是「恭迎」準備工作的最後階段，這一個月可說忙得天翻地覆、焦頭爛額。總督府收到內閣傳達而來的「皇太子殿下臺灣行啟[1]之要旨」，已經是行程前一個月的時候。日本宮內省公關次長[2]西園寺氏[3]一行人，來臺展開「臺灣行啟之場地勘察」，並於三月四日返回日本。由於行啟預訂日期為四月九日（四月五日由東京出發），臺灣當局準備期間僅有短短的一個月。

即使是一向悠閒、樂天的臺灣島民，對眼前的狀況也不禁手忙腳亂、倉皇失措了起來。

關於燈籠隊伍的人員，在內地（右圖）是由地區委員向市民提出請求，但是在臺灣（左圖），市民卻得要自行填寫繁瑣複雜的申請書才行。（1923 年 3 月 20 日）

在臺北市雖設立了「恭迎準備委員會」，但是在探查市內各地區委員、民間企業中，參加恭迎燈籠隊伍的統計人數，直到三月二十七日仍未得出確切的結果。因為臺灣的狀況與日本不同，一般市民要參加恭迎燈籠隊伍，需要十分繁瑣複雜的手續。對此，國島氏也透過漫畫揶揄一番。

儘管如此，其他準備工作還是如火如荼地順利推進，例如在臺北車站前設置恭迎門、在草山（陽明山）上建造供皇太子一行人休憩的行館，及其他相關的設備、專用列車以及道路的修補等。在鬧區街道上以燈籠和彩燈裝飾，各州警務機關四處發配觀賞注意事項的傳單，計畫列隊恭迎的婦人團、將校婦人會馬不停蹄地開會與準備。當皇太子抵達臺北時，計畫由臺北市內女學生和小學校、公學校兒童等約一萬八千人，組成恭迎旗幟的隊伍。

在皇太子預定參訪的臺南州、高雄等地，也可以看到當時慌亂的模樣。高雄預計以一萬人的燈籠隊伍行列恭迎皇太子，並在河邊安排三百艘船隻，上頭以電燈排成「恭迎」的文字，以表示歡迎之意，不過，所有的籌備工作直到三月底才告完備。道路與橋梁進行修整，並且在皇太子一行人途經的路線裝設電燈。除此之外，高雄的皇室專用列車（御召列車）試運活動，更吸引了全島民眾前來參觀。

另外，嘉南大圳水利組合聽聞皇太子計畫參訪嘉南大圳，打算獻上工程模型，趕忙向東京訂製。另一方面，臺北市正巧也打算訂製北門（清朝時期所建造的城門）模型，作為臺北的伴手禮呈獻給皇太子。

總督府發行了行啟郵政紀念戳章、郵票和攝影集，並開辦攝影展；臺灣日日新報社則出版皇太子的紀念小冊。

前往恭迎的田總督馬不停蹄地在臺北各行啟停留點進行勘察，特別是在皇太子行啟首日，將計畫前往位於植物園的「臺灣產品展覽會場」。田總督仔細確認植物園花草的盛開狀況，甚至認真聆聽研究員講解臺灣與內地樹木在生長上的差異。展覽會場外有移植的檜樹，其樹齡高達一千一百年，與明治神宮大鳥居建材的樹齡相同。這項展覽詳細地展示出臺灣茶的茶樹、製茶工廠模型、發酵（烏龍）茶和包種茶在國外市場的地位，以及茶葉中所含咖啡因的效果等。此外，還有香蕉、稻米、砂糖的培育和品種等說明、陳列，以及臺灣特有品種的淡水魚和藤編工藝品的展示。換言之，這些安排就是將臺灣的產品齊聚一堂，向皇太子進行說明與介紹。

介紹臺灣產品、觀賞學校運動會等活動方案，從恭迎委員的角度看來，或許有使出渾身解數、向皇太子引薦臺灣的美意。不過，國島氏在漫畫中卻是以老夫婦滿懷熱情所準備的粗茶淡飯來比喻，描繪出面對皇太子殿下願意動筷夾取飯菜的憐憫之心，島民顯得感激涕零的模樣。

就在總督府、下層機關與民間通力合作，廢寢忘食地埋首於恭迎皇太子行啟準備工作之

在「行啟」的旭日之下，可以看見獲得天皇恩賜金松樹的臺灣龜、獎勵產業與表揚救濟的鶴、特赦的泥龜，恭敬行禮。「高砂島上的草民，不，有活力的民眾，就讓你們沾沾恩惠之露。」（1923 年 4 月 29 日）

「有感於老夫婦的滿腔熱誠，充滿憐憫之情地動筷夾取菜餚……感激涕零。」
（1923 年 4 月 22 日）

際，在四月一日這天，竟傳來噩耗——正在法國留學的北白川宮成久親王，因交通意外魂歸九泉（同在車上的北白川宮王妃與鳩彥王身受重傷）。

四月四日，正出差臺南的田總督連忙返回臺北，他發送電報向牧野宮內大臣[4]表示：「聽聞成久王殿下逝去，島內官民悲痛欲絕，街號巷哭。」並前往臺灣神社參拜，祈求重傷的房子內親王（北白川宮王妃）與朝香宮（鳩彥王）兩殿下能夠早日康復。

如此一來，原本預定在四月五日出發的行程宣告延遲。臺灣總督府陷入一片慌亂，為了恭迎準備工作而疲於奔命的三百六十萬臺灣島民也大失所望、意志消沉。

但是，就在四天後的四月八日，宮內省宣布皇太子「確定十二日由東京出發」的消息，島民們才如釋重負，其中不少是趁著行啟，打算從總督府的恭迎費用中大撈一筆的臺灣裝飾品商家、建築工匠、土木承包商、餐飲業和旅館業人士。

「行啟」成為愛國教育上的重要布局

四月十二日，皇太子離開東宮御所[5]，從橫須賀登上御用的船艦「金剛軍艦」，在十六日下午登陸基隆。皇太子當晚宿泊在臺灣總督官邸，隔天起的十二天，依照行程安排前往臺灣神社參拜，參觀臺灣產品展覽會，到臺中、臺南、高雄和屏東勘查糖廠，然後轉往海路抵達澎湖島，最後再度由基隆上岸，到臺北參觀全島學校聯合運動會，夜宿草山、北投溫泉，行

因官員投下名為「恭迎費」的麩[6]，而聚集過來的鯉魚（商人和餐飲業者）。在一旁觀看的腰便（基層官員），一臉哀怨地想著要是能夠變成鯉魚該有多好。（1923 年 3 月 11 日）

第三種郵便物認可　大正十二年四月九日　臺灣日日

皇太子殿下の臺灣行啓御出發は十二日と確定

皇太子殿下臺灣行啓につき來る十二日東京御出發と決定し詳細なる御日程は八日御發表あるべし（八日東京發至急報）（號外再錄）

阪市にては極東オリンピック大會に先立ち五月二日朝十時より市内名士、各關係者を招待し盛大なる開場式を擧行し同時に同運動場に於ける運動會の皮切とし大阪全市小學校兒童、私立中學校、青年團等の聯合になる開場記念祝賀運動會を開催すべく出場總員一萬[illegible]千名とし男子の競技としては陸上競技、水泳、女子のダンス、青年團の國民體操等を行ふと（八日發

草山へ新設の皇太子殿下御休憩所

1923 年 4 月 9 日的報導：皇太子「確定於十二日從東京出發」，讓島民放下心中的大石。照片為草山上新建的行館。

程相當緊湊。

據說在恭迎皇太子的沿途隊伍中，許多長者及婦人（或許是內地人）因為親眼目睹皇太子殿下的風采而感動地熱淚盈眶。在四月十八日的報紙中，報導在皇太子登陸的基隆，本島人購買紀念明信片和郵票的情況，超乎原先的預期，「彰顯聖德鴻大的同時，更顯示出本島人的上進，真是令人感動歡欣。」這些報導顯示了當時日本人看待臺灣人的眼光，以及行啟的意義。

實際上，皇太子可以說是國體[7]象徵，其行啟也是臺灣統治上嘗試深化內地延長主義的重要布局。除此之外，站在臺灣總督府和監督機關的角度來看，皇太子行啟的時間點，正好是臺灣反殖民地主義、社會主義及民族自決等思想惡化最為嚴重的時刻，臺灣總督府與中央政府的監督單位期待藉由行啟這波大浪一舉沖散並消滅這些思想雜質。換言之，行啟這項儀式本身也是針對因思想惡化而受到影響的社會與島民所施行的愛國教育。

根據報紙的報導，面對八千位兒童隊伍整齊地在總督府前舉旗恭迎，皇太子則「面帶微笑，客氣地點頭回禮。」由於前一年開始施行內臺共學制度，因此隊伍中也包含許多臺灣兒童。

在這趟行啟中，皇太子十分罕見地接見七位臺灣民間「有力人士」，與他們直接進行對談。此外，據說皇太子對學習日語的臺灣學童以及穿著傳統服裝的原住民，特別抱持關心與同情。這些可以說是對臺灣人抱持著特別的考量與意圖而特意報導的內容吧！

在來臺延期的雲層之間，行啟之旭陽升起。穿著日式禮服的內地人、本島人及傳統服裝的原住民，歡欣鼓舞地朝著旭陽行禮。（1923 年 4 月 15 日）

對年輕、後來成為昭和天皇的皇太子而言，行啟途中的所見所聞，理應對無一不是前所未見的新體驗感到新鮮。反過來說，對臺灣島民而言，皇太子的目光、一言一語，也都充滿了新鮮的驚奇感受。

裕仁親王停留臺灣期間，將中央山脈海拔三八八六公尺的雪山命名為「次高山」，意為僅次於日本最高峰「新高山」[8]的山峰。

山之呼喚——因皇太子命名而颳起的登山熱潮

恰好在行啟前夕，臺灣完成了島內高山準確高度的測量工作。正如「在我臺灣，有日本第一之新高山，屬特有的高山國家，然因蕃人情況等關係，未能充分完成測量之工作」的報導所示（《臺灣日日新報》一九二三年三月），在臺灣的山岳之中，拒絕歸順的「生蕃」原住民之威脅依舊存在，加上未經拓墾的路線，以及冬季白雪靄靄、夏季天候驟變等自然因素，山岳測量工作可說是困難重重。

臺灣島內有四十八座超過一萬尺（約為三千公尺）的高山。依高度排序，新高山（東亞最高峰三九五二公尺，現今的名稱為玉山）以下分別為雪山、秀姑巒山（中央山脈的最高峰，三八〇五公尺）、馬博拉斯山（三七八五公尺）、南湖大山（三七四二公尺），幾乎與現今所稱呼的「臺灣五嶽」相同（臺灣五嶽之中，北大武山取代馬博拉斯山，高度為三〇九二公尺）。

皇太子對「次高山」的命名，提高了臺灣社會對於山岳的關注。臺灣島內擁有凌駕於日本富士山的新高山與次高山，因為皇太子行啟的這項契機，理所當然地便將島民的目光導向山岳之上。

一九二六年，臺灣總督府成立臺灣山岳會，正式展開登山環境的研究調查，該年也正好是時代更替的年份。[9]臺灣山岳會的首任會長由新潟縣的沼井鐵太郎擔任，沼井氏曾成功登頂劍岳[10]，可說是揭開日本近代登山序幕的人物之一。沼井氏擔任會長後，致力於技術指導和擴充近代設備，並向內地介紹臺灣的山岳資訊。一九二七年（昭和二年），沼井氏首次完成登頂大霸尖山的壯舉。臺灣山岳的熱潮，便在這些擁有領先技術的內地登山專家一步步地牽引、帶領之下，逐漸走向巔峰。

這波臺灣山岳熱潮所孕育出的產物，便是在運動及文化上成功培養出登山的嗜好。在臺灣，政府獎勵結合日月潭與新高山登山的行程，以男性為中心，掀起一股登山熱潮。其實這也是思想導正、鄉土教育的一個環節，目的是為了改善思想惡化的情況，十九世紀歐美地區興起的鄉土教育，可說是與愛國教育畫上等號。在這個時期，日本政府積極導入鄉土教育，盼能安定民心和恢復社會秩序。

除此之外，從國外傳入的童軍團運動，在臺灣也被用來作為培育健全青少年精神的方式之

往山上去，往海裡跳，隨您喜歡。「這玩意只有這種程度的學問，應該多少有人會有吧。」國島氏在此諷刺的是日益高漲的戶外運動熱潮。（1933 年 7 月 17 日）

一。

在當時，皇太子是出了名的運動愛好者，他於學習院[11]時期從事相撲運動，高爾夫球的技術更堪稱一流。行啟前一年，皇太子於東京都內駒澤的高爾夫球場，曾與當時前往日本參訪的英國王儲同樂。為了皇太子的行啟之旅，臺灣方面在臺北宿泊之處建造網球場，皇太子也在球場上揮灑汗水。

翌年起，臺灣訂下行啟紀念日，並在這一天於各所小學開辦運動會，試圖推動愛國教育中的培育健全精神，以及團結地域社會。

有關體育運動的賽事，日本多在秋季舉辦，但是臺灣並無明確的秋季氣候，適合推行運動賽事的時期便延至冬季。到了四月初，臺灣已然籠罩在夏季的悶熱，全島的孩童便在行啟紀念日，汗流浹背地運動著。

隨著行啟而振興的運動精神與鄉土愛

運動是最適合培育鄉土之愛和心靈健全的活動。而運動風潮的興起，是大正民主帶給社會自由風氣下的產物之一，同時也與女性運動相互連結。國島氏在漫畫中以活躍的女性運動選手和窩在家中撥彈三味線的男性此一諷刺的強烈對比，來表現時代的變化。

棒球向來與精神修行有著緊密的連結，從明治時代開始，日本政府便在內地獎勵棒球運

運動、狩獵、圍棋，無所不能，面對女性地位的提升，男性們擔心這波女性化的趨勢，將會「侵略男子的地盤」。（1923 年 5 月 27 日）

動，臺灣在殖民十五年後誕生了中學的棒球隊。皇太子行啟前，正是棒球運動的擴展期，各地紛紛成立棒球協會。一九二〇年（大正九年）成立臺灣體育協會，與日本內地進行運動交流，即將整備完全。

生活在花蓮港周邊的阿美族青年之其運動天分被臺灣人發掘，並組成一支原住民棒球隊。花蓮港廳長——江口良三郎（後來擔任棒球隊球團的團長）得知此事後，在皇太子行啟的那一年，讓這批棒球隊球員進入花蓮港農業補習學校[12]就讀，他們組織球團並命名為「能高團」。其後，在花蓮地區接連組成各支棒球隊，賽事裡吸引內地人、臺灣人、原住民等男女老幼齊聚一堂，團結一致地為場上球員加油打氣，人人都能夠看到聲援賽事的熱烈情景。

順帶一提，阿美族住在東部沿岸地區，是臺灣原住民人口中佔最大比例的民族，從事狩獵（漁業）、農耕，他們最著名的是精彩的歌舞。另外，他們在皇太子前來臺灣行啟之時，也曾在皇太子面前表演歌舞。

行啟的隔年九月，球員全是原住民的「能高團」，首次遠征臺北及西部地區。在臺北圓山運動場[13]與臺北商業學校[14]對戰，雖然輸了比賽，卻是奮戰到底。後來臺北商業學校代表臺灣，出場參加當年甲子園的比賽。「能高團」成立僅短短一年的時間，竟能在球界展現出如此活躍的表現，在當時的臺灣成為一大熱門話題。在報紙上，以提高原住民形象的「文化人」，介紹「能高團」的球員，進而將他們劃為理蕃政策的成功案例，甚至成為宣傳臺灣的

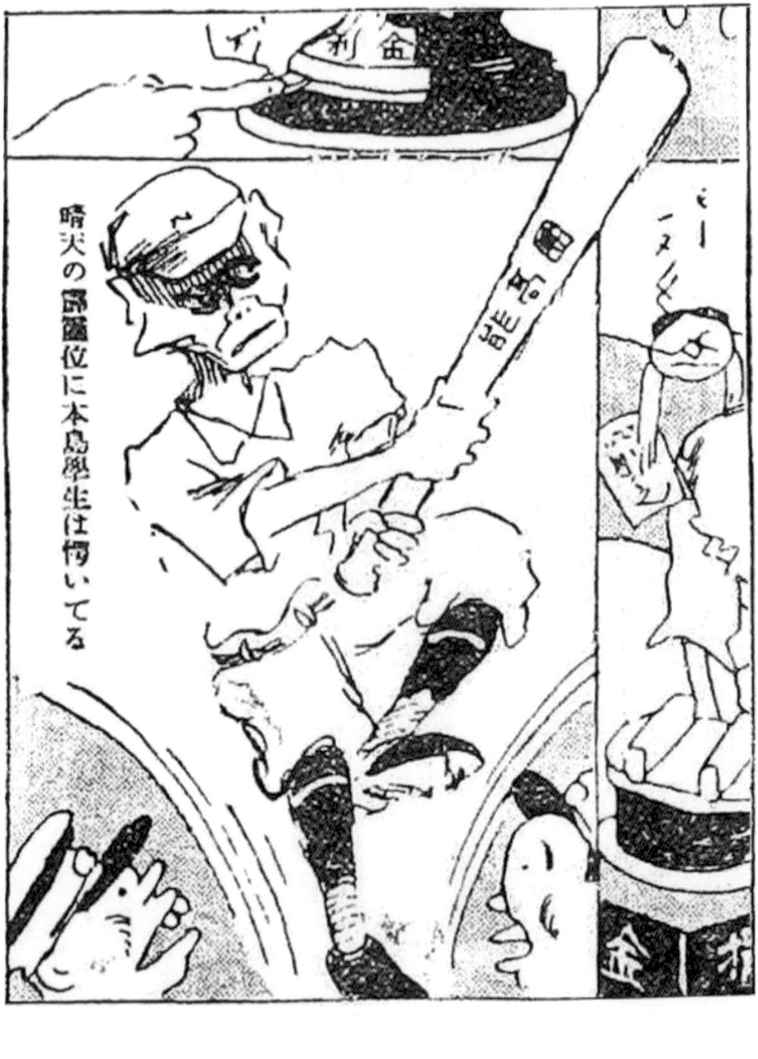

「如晴天霹靂般，令本島學生錯愕不已」的是能高團中阿美族選手的活躍表現。在描繪原住民的臉部五官上，特意採取誇大的表現方式。（1924 年 9 月 21 日）

題材之一。

在行啟活動的同時，總督府在臺灣展開編纂地方文史的工作，作為鄉土教育的一環，並開始進行過去未曾重視的島內文化資產保護工作及調查研究。自皇太子行啟以來，兩年後，臺南的安平古堡（熱蘭遮城遺跡）等處列為文化資產古蹟。此外，也迅速推展「自然紀念物」的指定，一九三〇年（昭和五年）石塚英藏總督公布施行「史蹟名勝及自然紀念物保存法之施行規則」[15]。將民眾前往史蹟名勝及自然紀念物參觀所繳交的門票費用，作為補充地方團體的稅收和管理費，各州廳長官紛紛展開行動，決定轄區內的史蹟名勝。

除此之外，《臺灣行善美談》一書的出版過程中，收集了女學生、教師、警官們對於鄉土所做出的自我犧牲、奉獻精神，以及內臺融合的美談佳話，並刊載高砂族青年的故事。報紙和雜誌也大幅地報導這些內容，總督府文教局甚至創作充滿愛國、鄉土愛的童謠歌詞，交由作曲家譜曲。

臺灣島這只大碗航行在皇太子行啟的這波「愛國浪潮」之中。在這份愛國意識還處於亢奮的狀態下，由總督府所主導的鄉土愛、內臺融合、培育健全精神等，一波接著一波的巨浪正持續地向大碗襲來。

哼著歌道：「堤防之草，經人踐踏枯萎，惠得雨露，方獲重生。」諷刺親手破壞臺灣遺跡的總督府，試圖使之復原、再生的滑稽模樣。（1929 年 4 月 29 日）

文教當局率先製作了精緻的人偶（歌詞），正在思考要讓人偶穿上服裝（曲調）。（1929年2月25日）

「這次蓬萊山決定要在督府寺的寺院內，建造地藏菩薩堂。」在地藏菩薩像上有「社會教化」的字樣。（1933 年 11 月 13 日）

皇太子與高砂族

為了恭迎皇太子，總督府將全島的原住民代表及五百名兒童全都聚集在臺北。讓原住民親眼見證殖民宗主國的文明，使他們邁向進步、開化路途的統治手段，亦即「宣揚威信」的作法，早在以前便已付諸實踐。安排稱之為頭目的原住民首領前往內地，參觀軍事、先進科學工業設施等，希望加深他們對日本的恭順之心。

不過，就在殖民統治經過近三十年的這個時期，自文官總督上任後，「理蕃政策」也進一步地走上文明開化的階段。

政府鼓勵內地人與原住民交流往來。面對臺灣這些勇猛且純樸的狩獵民族，日本人感受到他們與自己文化中傳統武士道精神相通的共鳴，其質樸之中帶有神秘的魅力（在面對原住民女性時還有性的誘惑力）。日本人對於臺灣原住民的調查研究十分詳盡，即使在現代，還是將當時的研究成果作為基礎。可以確定的是，日本人對於原住民好奇與興趣的程度非比尋常。

即使如此，日本人對於臺灣原住民的稱呼仍因循清代的習慣，以「蕃族」、「蕃人」稱之。一八九七年（明治三十年），伊能嘉矩等人首次對臺灣原住民進行學術分類，並沿襲清代所使用的「生蕃」（高山族）與「熟蕃」（平埔族）稱呼。

這樣的舞蹈是什麼？將鴨綠江節舞者踩在腳底下的女性，身上穿著蕃人和漢人融合樣式的服裝，手持日月潭邵族的水社杵。（1929年5月13日）

大部分的平埔族在外表和風俗習慣上都已經與臺灣人同化，所謂原住民、「蕃人」指的是大都居住在山中的高山族。腰上佩帶蕃刀、黥面的高山族人自清朝時期開始便遭受差別待遇。

在皇太子行啟期間的住宿處，五十名阿美族人獻上著名的舞蹈表演。觀看當時的照片，阿美族人穿著傳統服飾，男男女女手拉著手排成一列在皇太子面前載歌載舞，在現今觀光地九族文化村也能看見同樣的舞蹈。其他的原住民代表也穿著正式的傳統服飾，從遠處謁見皇太子尊容。表演結束後，原住民被安排參觀行程，見證殖民母國日本的強大及過人之處後，才踏上歸途。

在原住民表演舞蹈之際，關心原住民處境的皇太子表示：「蕃人之稱，實在過分。」考慮將賦予原住民新的稱號。「高砂族」便是皇太子在此次行啟之旅中所賜予的名稱，並且在一九三五年（昭和十年）公布戶口調查規定時，確立成為正式的稱呼。

然而，在此之前的十年間卻有著諸多變化。非常巧合地，賜名高砂族的皇太子從攝政宮到即位昭和天皇的期間，臺灣原住民的統治政策面臨了重大的轉捩點。

理蕃政策的失敗、漸趨軟化的統治所衍生的矛盾，以及統治的困難度等，就像是要將這些隱藏的病灶全部挖掘出來，其後在臺灣中央地帶的山村——霧社，被稱為血櫻的緋紅山櫻綻放之處，發生了大屠殺事件，於是理蕃問題全都浮上了檯面。

在花蓮港的女性交流會上，日本人與穿著洋裝跳舞的阿美族人（太巴塱部落）。描繪日本人與原住民交流會的漫畫，十分罕見。（1926 年 1 月 10 日）

第五章
張牙舞爪的臺灣

霧社事件的衝擊

霧社事件的發生，就時期來說，其實是十分地「諷刺」。事件發生於一九三〇年（昭和五年）十月二十七日，前一天正好是「臺灣文化三百年祭」活動的開幕日，活動為期十日，並在臺南開辦。當年正好是荷蘭統治臺灣距今三百年，趁著這個機會，回顧臺灣社會過去三百年來的變遷並放眼未來，舉辦紀念演講和展覽會等活動。而霧社事件就像是過去（荷蘭與中華文明）與未來（大日本帝國）的間隙中，被統治者忽視的原住民引爆的那顆長年累月的不滿所製成的炸彈。

霧社有臺灣的肚臍之稱，位於島的中央，如今從埔里搭乘公車便能輕鬆抵達山村部落。公車上原住民耆老以日文向筆者搭話，在歡談下抵達目的地，下公車後右手邊下方是碧湖萬大水庫，左手邊便是事件發生當時的公學校遺跡。公學校遺跡現在已成為企業的私有土地，而霧社地區的部落，就佇立在前方彎道旁，是人煙稀少的小村落。儘管如此，在深山中涼風中，閉上眼深呼吸，放任思緒馳騁，不難想像當時住在這片高地上的日本人，在與故鄉相似的氣候之下過著什麼樣的生活，有什麼樣的感受。

霧社事件當日，公學校[1]正舉辦運動會，原住民佩帶蕃刀和槍枝，闖入公學校的運動場。現場驚慌錯愕、鬼哭狼嚎，手無縛雞之力的孩童和前往參觀運動會的成人，都成為原住民「出草」（獵頭）[2]的對象。以地方派出所（駐在所）的警官為首，死者共有一百三十四名日本人（半數以上為霧社居民），以及兩位被誤認為日本人的臺灣人。

自古以來，中國人與臺灣人聞之色變的臺灣「蕃害」，即為高山族傳統中的戰鬥行動——「出草」，他們從草叢間現身來砍殺首級。獵取人頭的勇士會將祝賀之酒灌入首級口中，並將頭蓋骨供奉在村落入口的「置首架」，以作為村落的守護神。

日本人來臺統治時，高山族的原住民擁有獵槍及高明的狩獵技術，並維持著獵人頭的習俗。高山族為了維護自己在族內的地位，或是保護本族領域，在日常生活中展開不顧性命的狩獵行為，對他們來說是十分驕傲、光榮的事。然而，從統治者的角度看來，高山族卻是一批野蠻、未經開化且極其危險的刁民。但另一方面，他們純樸率真，而且運動神經相當卓越。也因為這兩項特質，後來在太平洋戰爭中，臺灣原住民被日本軍所利用，組成「高砂義勇隊」，成為勇敢的白刃戰[3]之戰力。

日本人對高山族所持有的獵槍逐一進行登錄，只有在狩獵時才允許他們從駐在所的保管倉庫中借用子彈。此外，總督府免除高山族納稅的義務，並在生活上給予補助，指導農業技術，劃定他們所居住的山地區域；除了警察之外，禁止臺灣島民自由出入高山族人的地區，由警察常駐山區負責維持治安。即使如此，還是有原住民私藏獵槍與彈藥，日常生活中也會出現大大小小紛爭，例如部落內的族人為了狩獵場所而爭執不下等情況，為了排解糾紛與適時鎮壓，警察與原住民社會之間的連結關係日漸深厚。除此之外，對於高山地區的伐木事業，總督府要求原住民承擔起木材砍伐等嚴苛繁重的勞役，後來也被認為是霧社事件的起因之一。

另一方面，在理蕃政策上，總督府使原住民青年獲得與本島人相同的就學機會及待遇。為推進內臺融合的目標，希望藉由警官與原住民女性通婚等方式，加深日本人與原住民之間的聯繫；孰料，這反而導致雙方的衝突（這也是霧社事件起因之一，原住民頭目的妹妹與日本警官結婚，後來男方單方面地提出離婚，女方方面認為是遭受到侮辱）。在歷史上也曾經發生部族與日本人大規模的對戰，時間就在皇太子行啟的十年前，總督府對花蓮附近的泰雅族（後來獨立為太魯閣族）發動史上最大規模的征戰，戰況相當激烈。[4]

日本殖民統治方針的轉換，與皇太子行啟的時期相互重疊，總督府轉而積極推動同化政

「如您所見，我身上什麼都沒有啊！」在臺中當局面前隱匿獵槍的泰雅族西卡瑤蕃。「這真是名符其實『無鐵砲』[5]貿然行事的傢伙啊。」（1926 年 9 月 12 日）

臺東的「反抗蕃」和想要將其逼出殼外的日本官吏。殼中人物為一九三三年最後「歸順蕃」的布農族大分社頭目——阿里曼・西肯。（1933 年 12 月 18 日）

策，高山族在表面上像是和平恭順地臣服於日本統治勢力之下。即使是霧社事件的領導者，泰雅族分支下的賽德克（現已獨立、正名為賽德克族）馬赫坡社頭目——莫那魯道本人，也曾經參加過日本「宣揚威信」的旅行。莫那魯道曾親眼見識日本的軍事力量，因此，他打從一開始便明白這場起義根本毫無勝算，但還是帶著自我了結生命的覺悟起義。

面對這場由「敵蕃」所掀起的「叛亂」，日本軍方面，唯恐事件將會對日本中央政治圈造成不良影響，也可能會擴大中國的反日運動，因此採取徹底的鎮壓行動，甚至使用毒氣瓦斯，之後還強制族人遷徙。另外，採取更為陰險、可怕的手段將土地給予「味方蕃」[6]，利用「味方蕃」獵殺敵蕃族人的倖存者，是為「第二次霧社事件」。

當時正好是日本軍部勢力開始胡作非為的時期。至今有關霧社事件的評價，從反殖民地與反帝國主義者的角度來看，都是政治上的反日材料，也是促使日本人反省歷史的事件；站在日本人的立場，是用來譴責始作俑者警察的無知、批判蠻橫自大的組織體系；以作家的視角看來，則是上演歷史中各民族的悲喜劇[7]，提供了各式各樣的討論與研究。

將霧社事件作為反日的宣傳，讓人記憶猶新的是二〇一〇年由華人導演吳宇森監製的電影「賽德克．巴萊」（臺灣導演魏德聖的作品），便以霧社事件為題材，選擇在總統府前首映。而當時執政者是否定日治時代、親中派的國民黨馬英九政權，顯然是一種政治利用的結果。[8]

第十一卷四百六十號

「盛大的賞花活動，這可是預定外（蕃害）的餘興活動。」[9] 在官吏面前決鬥的是第二次霧社事件中的「保護蕃」（敵蕃的殘存男子）和「襲擊蕃」（味方蕃）。當時，總督府警務局對外發表否認利用味方蕃展開襲擊的傳言。這幅漫畫以「預定外的餘興活動」，將總督府當局描繪成旁觀的第三者；然而，仍可看出當局煽動雙方決鬥的氛圍，難道這只是筆者想太多？（1931 年 5 月 4 日）

上：持長槍集合，準備討伐敵蕃的味方蕃。（作者收藏）
下：霧社一片和平的全景，這是一張難能可貴的照片。（作者收藏）

當時報紙上的諷刺漫畫，霧社事件發生時正好是官方媒體為培育鄉土愛，大幅報導「三百年祭」活動的期間。因此在霧社事件發生初期，官方只公開發表指出那是一項為了阻撓「三百年祭」活動而發生的小事件。

漫畫借用《水滸傳》中〈武松打虎〉的故事，以「昔為虎患，今為山豬作亂」為題，畫出武松打算以「三百年祭」之大刀，擊退「霧社蕃叛亂」的山豬。在國島氏其他的漫畫作品中，則是描繪一位軍人笑著以單手攫起「叛亂蕃」的山豬，前方放置著顯微鏡與「戰鬥字典」，說著：「雖然不太滿足，但能夠進行實物的解剖實驗，真是太好了。」顯現出當時日本軍方的實際態度。雖然只是存在於官方報紙上的報導，將霧社事件定位於野蠻的「蕃人」叛亂，試圖消弭輿論，帶給觀者滑稽、怪誕的感受。不過，報導所呈現的樣貌，卻是當時日本人看待霧社事件與高砂族的普遍觀點。

無論如何，霧社事件過後，總督府大幅強化臺灣山地及原住民周邊的警力。原住民的叛亂不再出現，隨著時間的流逝，甚至連原住民的精神層面也起了變化。在日本皇民化政策的洗腦下，連父母被日本人殺害的原霧社地區原住民青年也紛紛以血書表明從軍意願，希望以日軍士兵的身分投入太平洋戰爭。

「昔為虎患，今為山豬作亂」《水滸傳》中的場景，以「三百年祭」之大刀對抗「霧社蕃叛亂」之山豬。（1930 年 11 月 3 日）

軍人一把抓起「叛亂蕃」之山豬，表示：「雖然不太滿足，但能夠進行實物的解剖實驗，真是太好了。」（1930 年 11 月 3 日）

宇垣陸軍大臣從臺灣製的花盆中，撚起霧社產的蘭花說道：「這不正是近來流行的蘭花品種中的稀世珍品嗎？」松田拓務大臣表示：「別開玩笑了！這哪是蘭花，好好看看它的根部吧！」國島氏最後以「接下來的說明，就委由讀者自身加以判斷明察了」來作結。當時臺灣軍部隸屬本土陸軍省的管轄，霧社之「亂（蘭）」[10] 的鎮壓，對臺灣軍部來說，是首次大規模的軍事行動。（1931 年 2 月 2 日）

軍人面對加強警力的狀況，撚著鬍讚嘆道：「要撫育孩童，果然還是非婦女不可啊。」（1931 年 1 月 26 日）

霍亂、傷寒、瘧疾——擊退疫病的醫師千手觀音

一八七四年（明治七年）出兵臺灣的日本遠征軍，於臺灣南部牡丹社登陸，士兵因感染瘧疾、痢疾等俗稱「臺灣熱」傳染病，死亡的人數遠遠高出戰死人數的幾十倍之多。在日本殖民臺灣之前，島內還存在著鼠疫、霍亂、傷寒、天花、流行性腦脊髓膜炎、恙蟲病，以及因寄生蟲而引發的疾病和皮膚病等，可說是疫病之島。

幸運的是，由後藤新平出任臺灣第三任的民政長官，他在思考力、行動力和經驗度上，都是十分優秀的人物。

後藤新平原是一位醫師，當時在西南戰爭凱旋歸來的士兵出現霍亂的傳染病，後藤氏曾自願擔任撲滅霍亂的工作。其後，後藤氏深刻體會到日本對於傳染病的防治與對策十分落後，向政府建言當下的緊急對策，因而被拔擢為內務省衛生局長。後藤新平在赴任臺灣的翌年（殖民統治第四年）建立醫學校，並於隔年在各地廣設醫院，非常迅速地整建由總督府直轄的醫療機關系統。

除此之外，後藤氏還從內地聘請各界專家和優秀人才，像是細菌學的權威，同時也是後藤氏的同鄉——高木友枝（總督府醫學校第二任校長，後來擔任臺灣電力株式會社的首任社長）等人，從事熱帶疾病的杜絕與預防對策、加強島民的衛生管理與啟蒙活動。

同時，後藤新平還導入了公醫制度，從內地募集醫師，前往臺灣地方村莊及原住民部落等地，建造醫院和診療所，進行醫療和啟蒙活動。後藤民政長官以科學取代宗教、以開明作為統治政策的方針（「以科學王道之旗，實行統治之術」）果然奏效，迅速且徹底地改善了臺灣島內的衛生環境，同時也為統治者建立起良好的形象。

臺灣長久以來與中國維持著貿易上的往來關係，霍亂和鼠疫的病原菌也頻繁地被帶入島內，每當洪水侵襲，傳染病便隨之蔓延擴散。衛生當局將基隆港與高雄港指定為檢疫港口，致力封鎖病原菌的移入，一旦船上出現疑似霍亂帶原者，便插上黃色旗幟，在檢疫結束前禁止船隻入港。

漫畫中，國島氏以「虎」的形象比喻霍亂之禍，在上陸後突然齜牙咧嘴、張牙舞爪。

一九二三年（大正十二年）九月初，桃園郡的四十九歲男子罹患霍亂，此人在未經察覺病徵的狀況下前往臺北的醫院，並在途中出現嘔吐的症狀。根據當事人的說法，嘔吐物和排泄物的處理，就在搭乘開往基隆的火車途中，隨手扔進了新店溪。隔天，男子被斷定罹患霍亂，並於當日死亡。根據報紙連日的報導，搭乘同輛列車的乘客全都接受糞便檢查等徹底的檢疫；除此之外，衛生當局也展開周邊的消毒工作、施打預防針、嚴禁使用河水、限制魚類的捕捉和生食，並且針對生態環境進行調查。

媒體對這項消息的對應十分迅速且徹底：感染擴散的現場狀況（兩週後，新店溪周邊有五

「警備周全之下，眾人安心，夜不閉戶。」「傷寒和其他疫病」則是躲藏在巡邏警員的背後，伺機而動。（1929 年 6 月 10 日）

在基隆碼頭以「魚菜煮沸」之滾燙熱水和預防針的施打，迎擊霍亂。（1931 年 11 月 9 日）

人感染霍亂死亡）、發病後需要二十個小時才能確定菌種的檢查方法、那段期間霍亂擴散的實際情況、醫療關係者冒著被傳染霍亂的危險在醫療前線奮戰的模樣等，報紙將實際例子與一般知識交織成為文字，鉅細靡遺地報導出來。除了貢獻預防知識的普及之外，報紙也歌頌日本的醫療技術，善盡公眾機構的職責。

另一方面，令人聞風喪膽、有黑死病之稱的鼠疫，是由老鼠作為傳染的媒介，常經由中國的船隻帶進臺灣島內而橫行肆虐。至國島氏來臺為止的二十年間，臺灣已有兩萬人以上因鼠疫桿菌而喪命，到了一九一七年（大正六年）左右，鼠疫的流行與擴散狀況才漸趨穩定。

在大正初期流行的「腸熱症」，在臺灣被稱為「傷寒」。由日本人在臺灣成功檢測出傷寒的病原菌——沙門氏菌。

另一種讓人聞之色變的「瘴癘之氣」是瘧疾，日本在殖民臺灣後不久（一八九七年）尚未掌握瘧疾的原因，此傳染病長期以來困擾著臺灣人和外來移民。在國島氏抵臺前夕的明治晚期，臺灣島民死亡原因排名的首位便是瘧疾，甚至在嚴重流行的年份中其死亡人數是以萬人為單位。日本人在臺灣全島採集瘧蚊，展開分析與研究工作，昭和初期在臺灣總督府中央研究所內設立瘧疾治療實驗所，不久後便在都市地區成功根絕瘧疾。

後藤新平創立的醫學校培養出許多研究疫病的專家，其中也包含臺灣人。在國島氏抵臺時，已設立臺灣總督府中央研究所、熱帶醫學研究所等研究機關，顯示出臺灣島內的醫療與

過度進行傷寒的預防措施，已經讓島民分不清，究竟是感染傷寒比較痛苦，還是接受預防對策比較痛苦了。（1930 年 9 月 22 日）

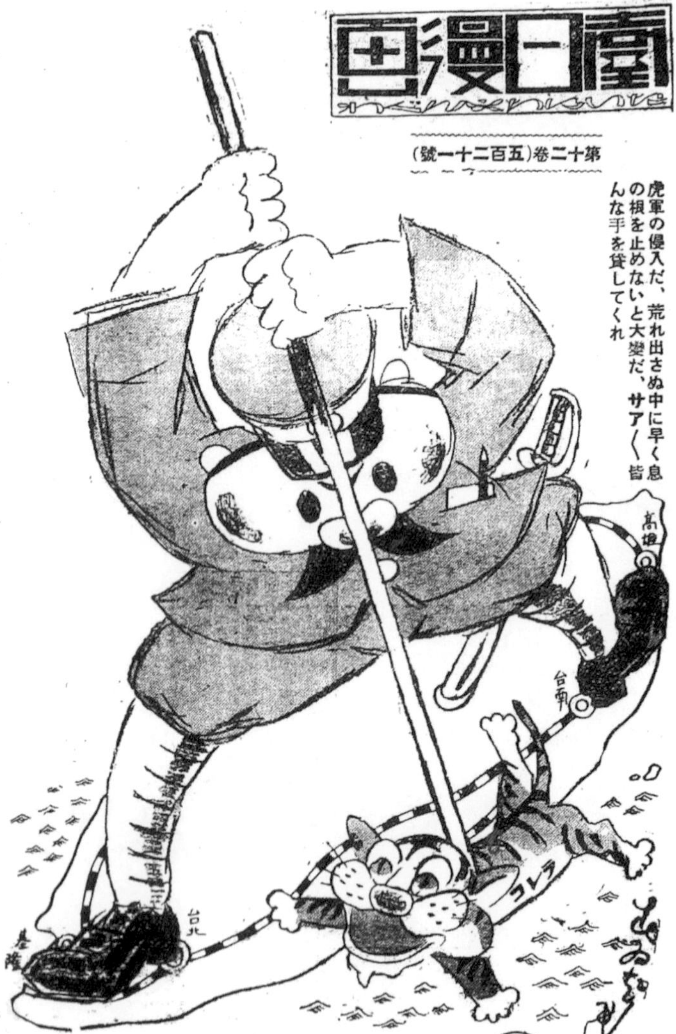

「虎軍入侵！」討伐霍亂的臺灣當局。（1932 年 7 月 18 日）

惡鬼厲聲笑道：「這樣就又涼爽又清潔了。」一面將「本島豪雨大水害」水桶裡的水，倒往島民身上。（1930 年 8 月 4 日）

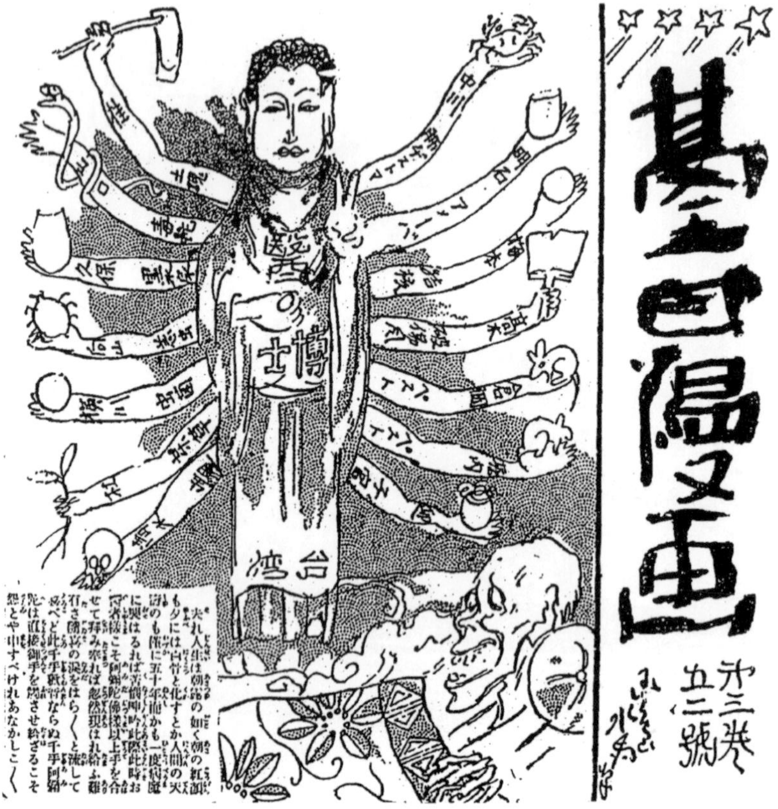

躺臥著的臺灣島民，身上蓋著臺灣總督府臺字章[11]花樣的棉被，前方站著「臺灣醫學博士」的千手觀音，還比出勝利手勢。其他的手上，則是寫有鼠疫等疾病名稱及專家的姓名。（1923年1月21日）

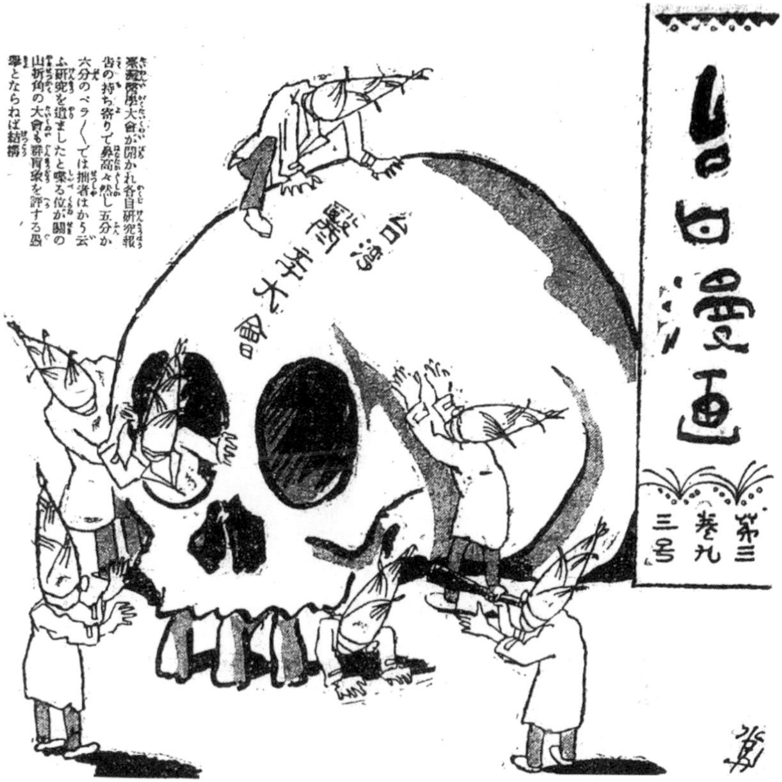

雖然每年都會開辦醫學學會，但是發表的水準卻不甚理想，國島氏諷刺這些醫學者都是「筍子」庸醫。[12]（1923 年 11 月 18 日）

由於財政上的困難，臺灣島內醫科大學和牙科大學的設置，遲遲未有進展。直至一九三六年，才成立臺北帝大醫學部。（1929 年 6 月 3 日）[13]

研究環境正要整備完全、迎向臺灣醫學史上的黃金時代。這些醫師、研究者就像是國島氏漫畫中所描繪的千手觀音，以醫療技術守護著臺灣島民。

儘管國島氏讚賞醫療的恩惠，但另一方面他也毫不留情地批判臺灣醫學研究體制的僵化。當時醫藥科學這塊領域可說是象徵殖民母國在統治上的重要權力，很難書寫出帶有批判意味的文章。國島氏在「漫畫報導」上則無所畏懼，以幽默詼諧的功力表達市民的心聲，也許可以說是「公眾機構中的千手觀音」。

人類遺產——從洪水中守護臺灣人

一九三五年（昭和十年）四月二十一日，震央發生在新竹南部的大地震，是臺灣史上受災者人數最多的地震災害。這場「新竹—臺中大地震」芮氏規模高達七點一，震央深度僅有五公里深，造成三千二百七十九人罹難，一萬七千九百多棟房屋倒塌毀損，災情十分慘重。

出現在國島氏的漫畫中，擁有「新竹．臺中市」身體、「臺北市」頭部的男子，腹部遭受「大地震」的傷勢而癱倒在地，「當局」的醫師及「島民」的護士在旁進行緊急處置，醫師向連忙趕來關心的內地人表示：「傷勢雖重，所幸並未傷及重要部位（大都市），沒有生命的危險，敬請放心。」附帶一提，位於苗栗縣三義鄉的「龍騰斷橋」原本是縱貫鐵路上以紅磚製成的拱橋，因這場地震而毀壞，後來成為史蹟而被保留下來，是當今一大觀光景點。

「沒有生命危險」……因新竹—臺中地震而倒地不起的「臺灣」。在一臉擔憂的內地男子面前，負責診斷的當局醫師和護士。（1935 年 4 月 29 日）

在殖民臺灣後的一九〇四年和一九〇六年，嘉義曾經發生芮氏規模六至七級的大地震（兩場地震的罹難人數合計為一千四百人以上）。自荷蘭領臺至日治時代結束為止，光是紀錄中出現罹難者的大地震就約有二十次之多。

臺灣不僅是地震頻發之地，同時也因位在成形於菲律賓海的颱風路徑上，在雨季的季節經常發生洪水災害。島內的九大河川每年氾濫成災，殃及民宅和田地。原本臺北的淡水河年年潰堤，日本殖民後，臺灣總督府土木課的技師展開護堤工程，才終於停止損害，據說長年為洪災所苦的大稻埕和萬華居民，非常欣喜。

上述的土木技師之一——堀見末子（臺灣電力株式會社成立時期的技師長），一八七二年出生於日本高知縣，東京帝大工科大學土木學科畢業後前往美國，在土木事務所學習技術後，於一九一〇年（明治四十三年）以臺灣總督府技師的身分抵達臺灣。

就任後隔年八月，臺灣遭受罕見颱風的侵襲，臺北南部新店溪的河水暴漲，造成新店發電廠的堰堤潰堤等重大災情。堀見氏負責新店溪、大安溪及濁水溪的護堤補強工程，以建造和補強長久耐用的混凝土堤岸。除此之外，堀見氏也經手處理以堅固及美觀聞名的明治橋（首次）工程（位於臺灣神社前方）、后里圳鐵橋、蘇澳與花蓮港之間的道路工程等等，堀見氏也親自向明石總督提案整修並改建臺灣道路的方案，以此為首展開了全島性的公共設施計畫。

兩隻「惡鬼」，雙眼緊盯著洪荒的受害者。即使在前所未有的洪水災害中倖存了下來，緊接而來的卻是傳染病，以及黑心商人所帶來的恐懼。（1934 年 8 月 10 日）

在堀見氏辭去總督府技師的前一年，一九二四年八月五日新店地區再次發生重大的洪水災害，災情嚴重的程度遠遠超過原先預期的狀況。當時恰逢關東大的地震發生的一年之後，各界對於新店庄周邊受災戶的捐款和援助情景，也成為國島氏拿來與內地震災作為比較的諷刺材料。

由日本人著手改善的衛生、公共建設和防災環境，直至第二次世界大戰日本戰敗為止，僅數十年的時間；換言之，日本人本身使用這些硬體的時期相當短暫。堀見氏曾經回想自己在戰前於臺灣建造的工程如下：

「大東亞戰爭的結果，導致我在臺灣完成的土木建設，全數歸為中國所有。如今這些建設都不再屬於我國的財產，絲毫無法對我國國土作出任何的貢獻。我內心的情緒只能以感慨萬千來形容。相信在中國、滿洲、庫頁島（樺太）及千島群島等辛勤工作的我國技術人員，有許多人也和我有相同的感受吧。當然，退一步、放寬胸懷來思考的話，自己著手參與的建設工程，還在地球上的某些地方貫徹使命，正對某些人有所貢獻，如此一來我在臺灣所留下的成就，也不算是白費工夫吧。」

從這段令人印象深刻的文字，可以看出堀見氏在戰後對於自己一手打造的遺產全數拱手讓人而感受到的空虛感。

同時，對於日本技術人員來到島上之前，臺灣人能夠在自然環境、傳染病與原住民等各種

新店的洪災後，在努力用鍋釜炊飯的臺北州、市兩者後方，受災戶哀嚎道：「肚子餓扁了啊！」臺北州則是發牢騷地說：「正因為不是武士的孩子，才會吵鬧啊！」（1924 年 9 月 21 日）

威脅下生活了三百年以上，面對他們的堅毅，我們不得不感到欽佩不已。

國島水馬生動地描繪出臺灣人在日本人面前，展現長久以來支持著自身的獨特文化與豐富感性。如此包含著住在臺灣的灣生日本人所形成的「奇妙」臺灣風景，看在漫畫記者的眼中，不只感到新鮮，還會讓人會心一笑。

第六章
「奇妙」的臺灣

挨著暖爐吹風扇

炎炎熱天竟是刺寒冬日，即使如此還是開著風扇，難以遏止吃冰的慾望。在服裝方面，冬季裡也有人穿著夏季服裝，或者無論夏、冬，服裝都能混合搭配，這到底是什麼地方呢？

在國島水馬的漫畫中，頻繁出現描繪臺灣炙熱氣候與風俗習慣的景象。他以「只有在臺灣才看得到的服裝」為題，漫畫裡男性身上為冬季的和服長袴，外搭夏季的外衣和帽子，愈往上方愈如同置身夏季；反之，女性則是冬帽配上披肩，穿著夏季的洋裝，愈往下方愈顯現夏日風情。這就是臺北十月的風貌，秋天來訪可以說是一年裡氣候最為舒適的時節。又或者是在下一幅漫畫裡，國島氏描繪冬季裡的情侶，依偎在暖爐旁，上方卻開著風扇。

另外，兩位穿著冬衣的內地男子，經過販賣冷飴（清涼飲品）[1]的攤販前方，訕笑表示：

「只有臺灣才看得到的服裝」——「紳士由夏至冬的穿搭、女士由冬至夏的風情。」如今仍然可以看見臺灣人此種奇妙的服裝搭配。（1932 年 10 月 17 日）

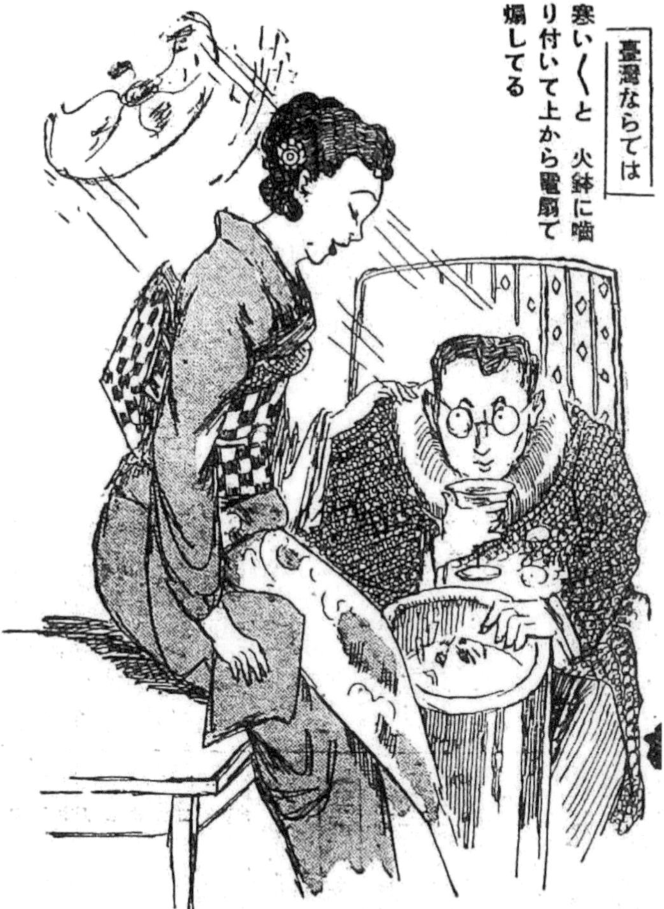

臺灣專屬：「嘴上說著好冷好冷，緊挨著暖爐，上頭卻開著風扇。」在臺灣，冬季的車上也開著冷氣。這張圖的景象是否提示著，這也是提高暖爐功能的好方法呢？（1933 年 2 月 6 日）

「在這麼冷的天氣賣冷飴，原來也有這麼不會做生意的傢伙。」沒想到這時有客人說道：「出來外頭好熱，請再給我一杯。」冷飲店老闆點頭表示贊同：「這就是臺灣啊！」兩名內地男子這才恍然大悟地驚嘆：「原來如此！」當時甚至還販賣冰咖啡，攤販做生意的場景，讓人覺得和現今沒什麼兩樣。

實際上，在筆者首次造訪臺灣之前，並未預料到臺北的冬天，特別是一月至二月期間，竟然會如此的寒冷。或許是因為潮濕的關係，如同京都一般，臺北的盆地地形加強了氣候寒暑的程度。即使是印象中常年夏天的臺南地區，在冬天也是十分寒冷，因此前往戶外活動時，羽絨外套是不可或缺的防寒衣物。位於臺北和臺南之間的臺中地區濕度較低，常是萬里無雲的大晴天，暑氣也大約是南北折衷的程度。

雖然臺灣島的面積約與日本九州大致相同，但由於南北狹長，又有北回歸線通過，加上島內有海拔三千公尺以上的高山，以及季風氣候的影響，個人所能感知的冷熱溫度極為複雜，究竟是冷是熱也因人而異；所以臺灣人在服裝和飲食上呈現奇妙的寒暖差異，也是基於這個緣故。而臺灣人性格隨和大方，不像日本人總是處處在意他人眼光，因此在臺灣也很少出現同一個時期內流行同一服裝風格的傾向，自己和他人穿著何種服飾，皆為個人自由。

身處在這樣的臺灣社會，在臺日人和灣生世代也隨之耳濡目染。根據內地延長主義的原則，市街的近代化建設足以媲美內地城市，或是說發展成日本式的風貌，即使如此臺灣的氣

臺北秋天販賣冷飴（清涼飲品）的攤販，最後被引誘上門的是兩位內地人。雖然現在還可以看到類似的場景，不過在寒冬中購買冰涼點心的顧客，多為外國觀光客。（1931 年 10 月 5 日）

候、特殊文化與生活習慣等，看在外來人士的眼中，無論是人物或是景色，都反映出新鮮、奇妙的風情。

或許是因為炎熱的氣候，造就了臺灣人豪爽不羈的性格，女性即使穿著睡衣，也能夠面不改色地外出。在現在的臺灣，也是可以輕易想像出的畫面。國島氏在漫畫中繪製、寫著「許可せぬ」（不允許之意）的牌子，處於臺灣炙熱的天氣下，牌上的文字竟在不知不覺間融化滴落，成為「許可さす」（允許之意），最後甚至連「可」字都融成「叶」（實現之意），讓男子看得目瞪口呆。

因溫暖的氣候所致，對人溫柔大方的說著「好哇好哇」[2]像這樣豪爽地應允他人的性格，不曾改變，這就是臺灣人。而內地人帶著在臺灣諸事皆「可」、萬事都能「實現」（叶）的夢想渡臺，這些夢想的殘渣，到了戰後似乎就只能被封印在諷刺漫畫中了。

食紙之神——讓人眼花撩亂的民間宗教

從日本瓦屋頂、松樹園籬的住家眺望遠方，可以看見道教寺院屋頂向上勾起的飛檐和椰子樹。繪製臺灣街道與農村風光時必然出現的景觀，便是道教寺院建築上那獨特形狀的屋簷，以及上頭的雕龍等裝飾。

時至今日，臺灣寺院廟宇所供奉的神明，其豐富多樣的特色，仍舊讓日本人感到不解。位

「因為臺灣炙熱的氣候，日子相隔愈久，文字又是扭曲、字體又是拉長，變得愈來愈怪異。」
（1923年11月4日）

於臺北萬華的「龍山寺」，是臺北市最為古老的寺廟（一七三八年創建），原先是一座佛教寺院，現在則加入道教、孔子、關聖帝君、媽祖等二十種以上的神祇一同合祀。

對於大部分的臺灣人而言，道教並不是以神仙思想為基礎、荒誕不經的宗教，而是中國自古以來唯一的漢人宗教信仰，就像是空氣充滿於生活的四周，也是信眾心靈的重要支柱。日本政府並未禁止道教等臺灣人的民間宗教，也因為如此，看在日本人的眼裡，臺灣民間信仰中七彩絢麗的廟宇建築和神像裝飾，以及獨特的祭拜與祈禱方式，都常常引起他們的好奇心。看著臺灣人將實際上存在過的中國女性[3]奉為女神媽祖，並且開辦大型的祭祀活動，燃燒紙錢供死去的人和神明在冥界和神界使用，加上祭拜眾多神明的道教和佛教、儒教相互混融的狀態，在日本人的眼中呈現出撩亂熱鬧又稀奇古怪的景象。

農曆的三月二十三日為媽祖誕辰，臺灣人會在各地舉辦大型的慶賀祭典。一九一七年（大正六年）的《臺灣日日新報》報導媽祖遶境活動，[4]將媽祖神像從大稻埕的寺院護送至臺灣南部，可謂盛況空前。從內地人的角度來看，將神像請出廟宇，眾人像是群魔亂舞一般的隊伍行進之景，真是新鮮又奇特。

媽祖神像並不是由步行的隊伍護送南下，而是以火車運送前往中部北港的媽祖廟本堂。[5]搭火車出發前，遶境隊伍在三線道路前的民家稍事休息，引來一陣騷動，人力車全都聚集到了大稻埕，據說當時臺北城內看不見任何人力車的蹤跡。

沿途的熱鬧奏樂，山珍海味的供品羅列在前，道路上擠滿恭迎媽祖的信眾，人人手持一炷清香，虔誠地跪拜。當時間接近火車發車的時刻，信徒總代表雙手捧著媽祖神像，往臺北車站前進，大批信眾的隊伍也隨行護送。即使是天上聖母，也和凡人一樣必須搭乘火車才能抵達北港。但當然不能將媽祖神像當作物品塞進貨物的車廂，因此特別允許媽祖神像進入乘客車廂。

不過，由於必須在抵達目的地之前，於車廂內持續焚香，因而日本人拒絕媽祖神像進入頭等車廂，在不得已的情況下媽祖神像只好乘坐二等車廂。隨行人員也同樣搭乘二等車廂，大部份的信徒則擠滿了三等車廂，火車隨即客滿。在信眾恭送媽祖神像坐上火車出發後，各項戲劇表演在臺北大稻埕各地上演，熱熱鬧鬧地直到深夜。

吃焚燒的紙（紙錢）的神明，經常以女神的形象出現在國島氏的漫畫中。女神緊蹙著眉頭，說出：「果然還是真正的錢比較好啊！」之所以會有如此形象，其實一方面是對臺灣人的金錢概念感到不解，另一方面也是因為在昭和初期的時局下，日本對帶有中華宗教性格的道教（換句話說，就是與中國大陸有所聯繫，摻雜其中的同胞情感）產生反感的緣故。

臺北另一間著名的寺廟，便是緊鄰著「算命街」、日本觀光客耳熟能詳的「行天宮」（道教）[6]。其實在國島氏的漫畫裡，占卜也是窺視日本人以何種視角看待臺灣人的材料之一。

漫畫中，臺灣人算命仙自稱是「百發百中的易經卜卦」，男子凸氏滿心期待地接受占卜。

卜卦結果為「萬人仰視，四方財來」，凸氏聽聞後覺得不可思議，像自己這樣貧窮的人竟然會被眾人仰視，財富還會從四面八方湧來！結果最後凸氏上吊自殺，在上吊的樹木下方眾人抬頭注視的景象，正巧成為占卜中所謂的「萬人仰視」。

妻子看著葬禮中被撒上銀紙的凸氏，失望地說：「原來不是金錢，而是祭拜的銀紙啊！」可怕的妻子在這種情況下說出此番話語，還真是殘酷的黑色幽默；不僅如此，算命師最後還向妻子說：「如何？這就是本島人的鐵口直斷啊！」真是讓人哭笑不得。凸氏到了陰間終於獲得了大把的銀紙。

語言的隔閡

臺灣人所使用的語言，雖然現在稱為「臺語」，但其實原本沒有這樣的稱呼。令人感到意外的是，「臺語」竟然是日本人在當時創造出來的說法。

本書裡的臺灣人指的是自戰前便居住在臺灣，也就是戰後被稱為「本省人」的民眾，其中也包含閩南系（使用閩南話，由福建省南

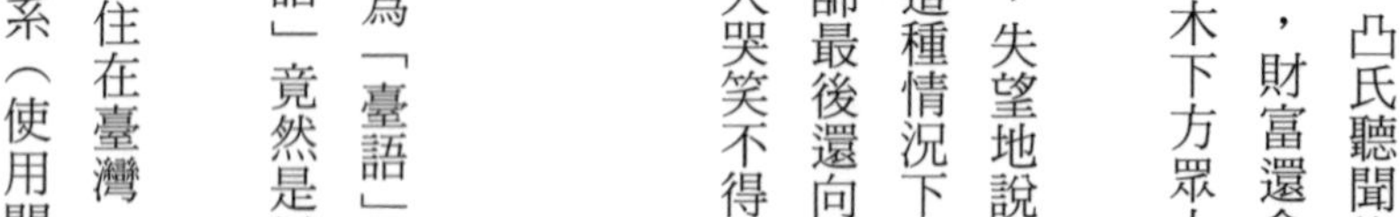

表示「百發百中易經卜卦」的本島人算命仙，最後還臉不紅氣不喘地說：「這就是本島人的鐵口直斷！」（1922 年 3 月 26 日）

部、閩南地方渡臺的移民）和客家系。「臺語」則是從閩南地方使用的閩南語（以泉州語和漳州語為主體）所演變出的臺灣獨特語言。基本上，閩南系的本省人會講「臺語」，後來這種語言逐漸成為原住民、戰後的外省人等其他民族也能夠廣泛理解的語言。

戰後，因為外省人政權，北京話成為臺灣的「國語」，臺灣人民經過一番努力後才學會北京話。現在的臺灣人在日常生活中有些是以臺語為中心，有些則是與北京話混合使用，年輕一代的家庭也有只說北京話的。他們現在可以說是精通臺語和北京話的雙語人士；而會說日語的世代就是精通三種語言的人士；會說部落語言的原住民者老則是精通四種語言的人士。

雖然日治時期的臺灣人學習日語，也被獎勵使用日語，但是在殖民初期，日本政府並未採取強制的手段，畢竟臺灣人的日語教育環境尚未整備齊全，而且在採取皇民化政策之前，長期延續著包容各自（臺灣人與日本人）語言與文化共存的複合社會。也因為臺灣人在作為民族認同工具之一的「語言」上並未被完全剝奪，因此在臺灣的鄉鎮中可見臺語和日語交織、混合使用，而發展出如此奇妙的雙重語言社會。

到了戰時體制，強制使用日語的場合增加了，不過大概也只是殖民統治時期最後短短五年的時間。日治時期的臺灣人即使身處日本文化的包圍之下，守護著臺語文化的軸心，並在軸心的基礎上完成日語文化的建立。

到了戰後，當我們[7]遇見能說一口流利日語的臺灣人（七十歲以上）和原住民時，一定會發現他們的日語口音與今日的標準日語有所差異。例如，當他們說日語的「アメ」（糖果、雨）和「カキ」（牡蠣、柿子）時，和標準日語的音調正好相反。或許大家會以為是臺灣人難以區別音調而出錯，但事實上，當時許多臺灣人所學習到的日語音調就是如此，因為前往臺灣赴任的教師、警官和總督府的官吏中有許多都是來自九州和四國地方的日本人。

此外，當時的臺灣在語法上也大都偏向西日本[8]所使用的日語，像是在表達「不可能」的時候，使用「しきらん」[9]等語詞，在臺語的語法中也出現類似的表現；另外，「來」和「去」的用法與標準日語正好相反，在日治時期臺灣人所使用的日語中，頻繁出現這類西日本的語法。

國島氏透過漫畫表現出在臺灣所聽到的「鹿兒島語」、「臺語」和「標準日語」三種語言，「即使同樣是日本，雖只隔著一道海峽，語言竟然會有如此大的差異。」國島氏還以男子向女子邀約的用語為例，不禁讓人會心一笑。

在國島氏其他的漫畫中，還有賣柿子的臺灣挑擔零售商人的叫賣，分不清日文中「牡蠣」和「柿子」的音調差別，[10]商人叫賣著：「有點複雜啊，柿子、牡蠣、賣柿子唷！」對臺灣人而言，在學習日文的階段中要區別音調的差別，應該是非常有難度的課題。不過，比起北京話，臺語的聲調較多，發音也相當複雜。若連能夠運用臺語的臺灣人在日語的音調上也會出錯的話，相信問題不是出在他們的聽力上。

同じ日本で有りながら海一つ距てると斯くも言葉が異ふものか
○鹿兒島語　□臺灣語
什うも窮屈だネー
○スッタイ・トゼンネコッチヤガ
□ウグブタ
何處へか遊びに行かうか
○ドッカアスッケンイコヤ
□ベエキイトヲウイテグトヲ
ハイ參りませう
○ヨウイッガ
□ホヲベエキイ
各處歩いて見ませう
○イクベコッベサリチミロヤ
□ツウッウキヤンサウ
それが良しい
○ヨウソイガヨカ
□シイ、アタニイホヲ
何處かで暫く休みませうか
○ドッカイットキヨクヲヤ
□トヲウイチヤムヒヨ

標準語、鹿兒島語、臺語。男子邀約女子，標準語的「好，我們走吧」（hai mairimashou），在鹿兒島語是「youigga」，臺語是「hó, beh khì」。（1922 年 4 月 9 日）

語言也是一種文化，從當時的語言用法中可以窺見殖民者的視角。在國島氏的漫畫裡，頻繁出現從統治者視角出發的描述方式。臺語中的「lí（ya）」雖是第二人稱——「你」的意思（「ya」是叫喚對方時的語尾助詞），但對臺灣人而言卻同時帶有輕視的意味。現今大家對此雖有所察覺，但在當時卻是非常普遍的用法。由於會產生不悅和不滿情緒的只有遭受到歧視的一方，因此即使是當時的諷刺漫畫，也還是存在著繪者未能察覺的隔閡[11]。

至今依舊不變的臺灣風景和季節風俗

即使有這種看不見的隔閡，國島氏仍舊繼續繪製漫畫。在漫畫中乘客坐上電車，可以看見大人光著腳丫，翹著二郎腿，腳邊還有小孩在玩痰盂。本以為公車女車掌的手勢是在暗示司機停車之意，沒想到女車掌是要將錢遞給拿著龍眼來的少年，隨後將龍眼拿去駕駛座，若無其事地說道：「準備出發。」另外，當灑水車經過時，路邊的小販拿著整籃的蔬菜和水果，站在路肩接灑水車的水。

在今天還可以看到臺灣人上公車時的推擠狀況，宛如戰場一般激烈；不過反觀電車上的乘客，卻是一派悠閒、不受他人拘束。此外，街道的夜市和騎樓下，常有販賣仿冒品牌衣服和皮包的路邊攤販，一遇到警察的取締拔腿就跑，至今仍然可以看到這樣的景象。或許是現今也能看見同樣的光景，看著臺灣戰前的漫畫，總是容易讓人產生時代錯亂的感覺。

「有點複雜啊，柿子、牡蠣、賣柿子唷！」柿子和牡蠣都盛產於秋季。如果挑擔小販有同時販賣柿子和牡蠣，那真是容易讓人傷透腦筋啊。（1933 年 10 月 23 日）

「二等車廂乘客的寫照：請注意赤腳，還有把玩痰盂的孩童。」臺灣乘客還用物品來佔位。（1929 年 10 月 14 日）

說到至今臺灣街道上不變的特色風景，應該就是「亭仔腳」吧。亭仔腳是為了確保行人步行的空間，而將建物二樓以上的部分加以延伸，作為出簷，其下作為廊道，並與兩側鄰棟建物相連，此設施常見於中國的華南地方與東南亞地區。不過，多雨、日照強的臺灣在日本殖民後，後藤新平基於提升方便性和衛生環境的考量，而將亭仔腳列為建造上的義務工程。在描繪當時臺北的漫畫內容中，拱形的亭仔腳景色幾乎是必定會出現的背景；與現今相較，帶有圓弧線條的亭仔腳醞釀出殖民風情。

出了城市將會看見以頭上牛角為特徵的水牛，泡在水中的景色，這同時也是日本人來到臺灣時印象深刻的風景之一。如今在臺北的河岸還可以看到放牧的水牛。

國島氏曾幽默地以漫畫表示，在臺灣野外寫生繪製油畫，若要描繪夕陽西下的風景而在畫布上使用紅色顏料，就會有水牛暴衝過來。

另外，國島氏還詼諧地發下豪語，在臺灣能組成水牛警察部隊，只要長官的一聲令下，便能夠潛入水中，戰鬥力十足地有如水陸兩用的戰車一樣。又或者是開著車出了城，在道路中央遇見水牛而動彈不得，運氣不好的話，還可能會被暴衝的水牛襲擊。

對日治時期的庶民來說，不可或缺的交通運輸工具便是以人力推行的「臺車」。

在輕便軌道上以人力推行臺車，其運輸費用低廉，不管是旅客還是貨物，都可以使用臺車運送。昭和初期，是臺車運輸的巔峰時期，全島共有五十條以上的輕便軌道路線，總距離長達一千三百公里。筆者前往日月潭時，曾經聽聞有位旅客在埔里至外車埕之間乘坐手推臺車的經驗，其速度飛快，加上臺車只依靠一根木棒作為煞車，經過斷崖的彎道之時令人感到驚恐萬分，幾乎得做好面對死亡的心理準備才行。

雖然在臺北市區電車尚未通車前，便迎來日本戰敗的消息，但是在日治時期，倒是可以在臺北近郊享受季節的風景與樂趣。

說到春季賞花，在內地當然就是櫻花；染井吉野櫻的品種在日治時代移植到臺北郊外的草山（現今的陽明山）。然而在臺灣亞熱帶氣候的山區，春季的時期與內地有所差異，農曆正月底至二月期間，不只是櫻花，就連桃花和梅花也一同在山間盛開。現今在同樣的時間前往陽明山，也會被桃花、梅花和櫻花等百花齊放的絢麗場景團團簇擁。國島氏在漫畫中以「臺灣的賞花」為題，描繪前往山上賞花的情侶對於眼前的風景感到困惑，女方問道：「我們究竟是來看什麼花的呢？」男方側著頭思索道：「嗯，應該是桃花、櫻花和梅花吧。」

對臺灣人而言，與新年和清明並列的重大節日便是中秋。每逢中秋佳節，家族成員紛紛返家團圓，共賞中秋明月。在當時，不管是內地人或是臺灣人，都會在河邊一同享受美味料理。中秋夜與家人和朋友在野外烤肉同樂，至今仍是臺灣中秋的佳節風情；不過，為何大家會鍾情於烤肉活動，其原因仍未究明。從當時的漫畫可以得知，中秋在野外用餐的習慣與今日並沒有太大的差別。

水牛看見手推臺車，誤以為是「販賣人口」。在這些水牛的面前，臺車上插著交通安全的旗幟緩緩前進。（1933 年 12 月 11 日）

臺灣のお花見
彼女「ネーあなた。私たち一體なんの花を觀に來たのさ」
彼氏「サア桃、櫻、それとも梅だつたかナ」

臺灣的賞花。在看似草山的地方，女方問道：「親愛的，我們究竟是來看什麼花的呢？」男方側著頭思索。（1936 年 2 月 10 日）

約莫到了十二月底，臺北突然吹起潮濕的寒風而進入冬季。到了農曆新年的時節，在中國的勞工紛紛返鄉過節的同時，失蹤案件也非常多，如此的現象現今仍然可見；當時在臺灣也有返鄉途中失蹤的案例。漫畫中的警察用網子撈捕這些失蹤者和犯人，象徵著農曆新年期間，本島人與內地人的經營者、官僚之間正反覆上演永無止境的貓捉老鼠遊戲。

對內地的欣羨眼光VS內地人的虛榮心

身處外地[12]，人們關注的視線自然容易轉向內地。懷抱著欣羨不已的心情，看待內地進步的制度與文化等，是理所當然的事。雖然當時已採取內地延長主義，但是從臺灣人的角度看來，自己與內地的日本人之間仍舊存在著明顯的差距。

在法律制度方面，臺灣比內地落後許多。舉例來說，內地在昭和初期便實施了「簡易生命保險法及郵政年金法」（一九二六年十月），而臺灣卻要等到十五年後的一九四一年（昭和十六年）四月一日才與樺太（庫頁島）地區一同施行。

儘管如此，還是有各式各樣的團體率先進入臺灣這塊外地區域。而這些團體的目的其實是為了鞏固殖民統治，並推進中央的政策。

皇太子行啟之旅中造訪的北投溫泉，位於臺北的北部，環境清幽。近來因日本北陸知名的旅館老店前往開設分店而蔚為話題，同時北投也是日本觀光客青睞的景點之一。北投也是原

「雖然想要讓賞月的聽眾享受一場聽覺上的饗宴，但是鼻子卻受到太多誘惑而無暇吹奏。」空氣中混雜著臺灣料理、壽喜燒以及鰻魚飯[13]的味道。（1933 年 10 月 9 日）

農曆正月返回故鄉的失蹤者和正在撈犯人的警官。「在人事方面也需要進行年底的收支決算，也是農曆新年本島人的舊慣。」（1932 年 2 月 1 日）

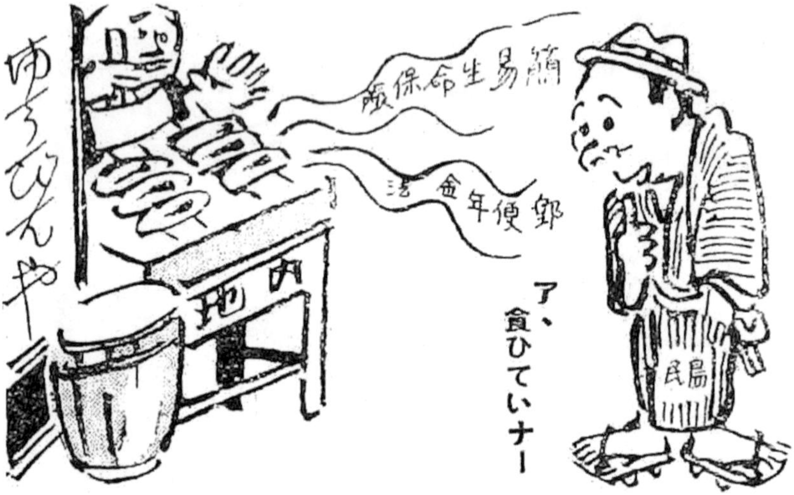

從內地「ゆうびんや」（郵局）的店面飄出簡易生命保險、郵政年金法的香味，令島民垂涎欲滴。（1926 年 11 月 14 日）

來熱愛溫泉的日本人所開發的郊外休閒景點、遊廓（紅燈區）、增進健康的運動場以及軍事設施等場所聚集的地區。一九三二年（昭和七年），日本長野的善光寺在溫泉街不遠的較高處開設臺灣分院。

善光寺臺灣分院內所供奉的佛像，至今仍維持原狀。讓人感到意外的是在臺灣這樣的地方，日本佛教十三宗[14]之中有八宗[15]的流派傳入；昭和初期時，東本願寺興建壯觀的寺院，展開說法大會、演講、葬儀事宜和教育子弟等活動。據說，當時在這些日本的宗教團體中，很多都是站在協助殖民統治的立場。或許可以做為佐證的是[16]這些純粹為內地人信仰建造的寺院，在戰後並未遭到毀壞，並留存至今。[17]

當時，內地的製品在臺灣受到信賴，受到島內消費者青睞的生活用品，幾乎都是來自日本的品牌。若想要在茶道、花道等培養文化素養的活動上達到精進、極致的境界，或考取資格證照、藉此鍍上金箔抬高身價，都有必要定期造訪內地。

即使是一貧如洗，也想要擺出統治者架子的內地人並不少，這點可以從當時的漫畫窺知一二。漫畫中前往日本的內地人，叼著一等的雪茄吞雲吐霧，步出臺北家門後搭上火車的二等車廂，轉乘輪船（船名：蠶蛋丸）時則是鑽進三等船艙。（當然並非所有的內地人都愛端出統治者的架子，國島氏常在漫畫的各個細微之處埋入對總督府的批判，嘲諷統治者的滑稽模樣。）

成立善光寺臺灣分院。辯士中野全能表示：「這就是佛陀（音同『北投景』）的庇佑啊。」光束則是映出「神牛引導參拜」[18]的情景。（1932 年 2 月 15 日）

臺灣回顧：「回內地時叼著一等的雪茄吞雲吐霧，坐上二等車廂的火車，鑽進三等船艙的輪船。」船名為「蠢蛋丸」。（1929 年 7 月 15 日）

文官總督時期後，雖然臺灣總督不再握有軍事權，但在行政、司法和立法上依舊獨攬大權，在臺灣島內的地位幾乎僅次於天皇，被稱為「土皇帝」。

臺灣總督府的高塔經常被作為繪製臺北景色的象徵，不僅是當時臺北最高的建築物，更是象徵權力的圖像。在總督的權威之下，內地人狐假虎威的囂張態度，也成為理所當然的景象。不過，臺灣總督其實是位於拓殖大臣的指揮監督之下，在宮中的席次地位比朝鮮總督還要低階。在臺日人宛如井底之蛙的認知風潮，與實情相悖，對此國島氏將某日在飯店的見聞實錄，清楚呈現於漫畫作品中。

看見花展上的招牌——「大日本總華督」[19]，看似內地人模樣的紳士囁嚅道：「什麼？大日本總督？哈哈，比臺灣總督還要高上一階呢。」當然，並沒有所謂「大日本總督」的職位，但對以為總督就是統治世界的在臺日人來說，國島氏藉此揶揄總督在他們心目中的存在價值過於巨大。

受到差別待遇的臺灣人，雖然僅是推測他們對於內地及內地人的觀感，但是相信國島氏也已經敏銳地察覺到，在文明開化與繼承傳統的狹窄間隙中搖擺不定的臺灣人，面對日本應該是帶著一半的憧憬和一半的反感。由於總督府的關係，內地人與臺灣人之間始終存在著隔閡。在此情況下，本島人的日本化並未如預期般徹底實行，即使在中、小學及職場中學習到日本的態度與習慣，一旦返回家中，還是會回到傳統的臺灣習慣。國島氏經常在漫畫以比喻

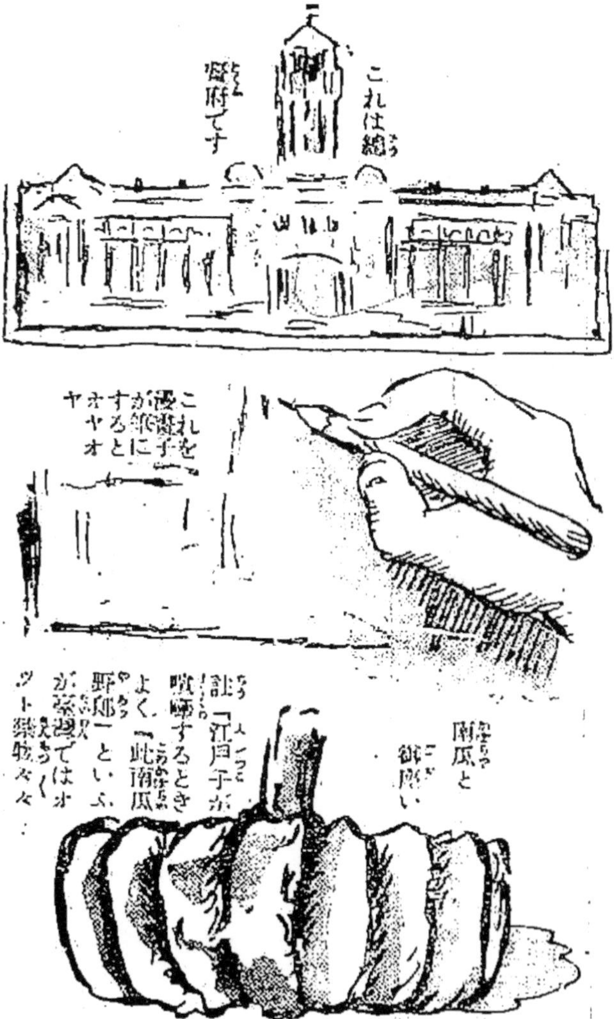

漫畫新手來畫總督府，就變成了一顆南瓜。「按：江戶人吵架時經常脫口而出『這個南瓜混蛋』，這在臺灣可是一大禁忌，不可不慎。」（1925 年 7 月 26 日）

飯店實景——一位內地中年男子囁嚅道：「什麼？大日本總督？哈哈，比臺灣總督還要高上一階呢。」同樣前往花展的女性對男子說道：「請看清楚，是『總華督』。」[20]（1922 年 3 月 26 日）

夜市裡，日本女給對臺灣人訓諭道：「所謂的紳士，是不會用手去抓取食物的喔。」臺灣人聽聞後，指著用手拿壽司來吃的日本人，以示反擊。（1933 年 9 月 25 日）

臺灣の隱居と花見

「此島では花見はできないが氣分は出る。斯うして花
の繪はがきに音樂のラヂオ。一杯傾けてゐるとポーッ
として好いお花見氣分ですよ」

居住臺灣的退休者，看著花景明信片、聽著收音機，享受賞花的氣氛。「雖然在臺灣無法賞花，但還是可以徜徉於賞花的氣氛中。」（1936 年 4 月 20 日）

的方式，描寫臺灣人對於被迫培養習慣所滋生的小小反抗心理。

另一方面，第一代內地人的視線則經常望向本國。正如前述，在內地櫻花盛開的時期，更加深在臺日人的思鄉情緒。昭和初期，收音機文化也在臺灣島內普及，國島氏描繪一位退休的內地人從廣播中聽到內地櫻花花季的訊息，他喝著酒說道：「光是坐在這裡發呆，就能感受到賞花的氣氛呢！」

時間來到大正民主風潮的尾聲，在日本軍部勢力抬頭的情勢下，臺灣也正式走進皇民化運動的篇章。即使如此，島內對於便利性的追求以及各式技術、交通與收音機等媒體的發展，讓內地人依舊沉浸在賞花的悠閒氣氛之中。

第七章
媒體與便利性的狂想曲

只有內地人才會收聽的廣播

現在讓我們回到臺北的二二八和平公園。

在公園內的一角，只有一處地上鋪設著紅磚，上頭佇立著高約兩公尺的古老石燈籠，散發奇妙的存在感，彷彿有靈魂寄宿其中。然而，這盞石燈籠可謂歷史的「證人」。

一九三四年（昭和九年），臺灣放送協會在放送局附近的公園設置了五處播音塔，上述的石燈籠便是其中之一。這幾處播音塔的建造，是為了讓家中沒有收音機的人，能夠從播音塔內建的擴音器來收聽廣播，也就是「街角收音機」。由於收音機的無線電收信機價格昂貴，而且必須繳交收聽的費用，因此在普及上需要花費許多時間。進入戰爭期間，人們經常可以從街角收音機聽見慷慨激昂的軍歌，天皇的「玉音放送」也是藉由廣播傳遞到人民的耳中。

一九九六年，播音塔被指定為臺北市古蹟，從該處往公園內的南方走，可看見洋溢著南歐風格的建築物，以及新設置的屋外展示空間與咖啡店。[1]

一九四七年二月二十八日，發生本省人（戰後的臺灣人）與外省人（戰後來臺的國民黨中國人）的對立衝突事件[2]，這場有「臺灣事變」之稱的戰後初期之事件，或者說是臺灣人起義，當時便是以這座公園為反抗的據點之一，佔領臺北放送局的建築物，用日文向全島臺灣人民傳遞當下狀況，並呼籲同胞起身響應。其後，國府軍（國民黨的軍隊）從中國派來的援軍抵達臺灣，以臺灣知識份子和顯要人物為目標展開大屠殺，也將「二二八事件」衝突發展至最高潮。

臺灣放送協會是一九三一年（昭和六年）由臺灣總督府所設置的廣播放送局組織。日本首次在內地進行廣播放送是一九二五年（大正十四年）三月；臺灣則是在三個月後[3]統治臺灣三十週年的紀念典禮上，於臺灣總督府廳舍內實行測試放送。[4]

無線電臺呼號為「JFAK」，輸出功率為1kW（千瓦）。起初只有連線內地的節目直播放送，不久後，臺灣也有能力播放自身的內容，到了一九三一年（昭和六年）一月，輸出功率增加至十倍的10kW。

以一九三四年三月五日的節目表為例，清晨六點半之後的節目依序為「晨之問候」、「收音機體操」、「今日天氣」，八點的東京「全國氣象預報」、九點三十五分的京都「婦女常識講座日本文學與女性」、十點十分的「家庭料理教學洋風滷豆腐、蟹肉沙拉」。如同今日的電視節目，上午的節目安排，主要收聽對象鎖定的聽眾群為家庭主婦。下午放送日本小樂曲（小唄）和說唱樂曲（浪花曲）的唱片，五點則是配合孩童回家時間，播放「兒童時間（東京）內容未定」、「兒童新聞報」、「英語講座」、「今日講題（東京）哈羅德・帕爾默（Harold E. Palmer）」。

到了夜晚，總算求到成年男子有興趣的節目：七點是「管弦樂（限定臺北地區）曲目未定——日本放送交響樂團、指揮家尼可萊・斯夫布萊特（Nicolai Schifferblatt）」、「爵士樂（限定臺南地區）」、一、探戈「荒城之月」、二、狐步「往日愛戀」等，七點半播放日本小樂曲（東京）、七點四十五分至八點三十分為「電影劇（東京）」、說唱樂曲的節目（臺北）則為一個小時、九點二十分開始播放「臺日新聞（限定臺北地區）」、「明日節目表」後，結束一日的放送工作。整體來看，從清晨六點半至晚間九點半的廣播，具現代感的安排，讓節目內容更為充實，不過臺灣原創的節目只有一部份。

雖說廣播對於向臺灣人宣導和洗腦的殖民政策上有所貢獻，但是從廣播的普及率來看，內地人聽眾（家庭）的比例，實際上遠遠高於臺灣人。而播放廣播所使用的語言並不限於日語，還有臺語（閩南語）、客語等節目，播放的音樂也以臺灣、中國樂曲居多，但是主要的收聽者以內地人為大宗。

根據國島氏的漫畫，在廣播節目開始播放後，有八成的聽眾為內地人，而播放的音樂卻有八成是中國樂曲。其後，雖然在臺中、臺南、花蓮等六座城市設置了放送局，但臺灣人的聽眾（家庭）在全體比例上依舊呈現低迷的狀態。

臺灣總督府企圖提升廣播普及率的時期，大約是在上文列出節目表例子的一九三〇年代中期，同時也是滿洲國建國、日本軍部管控日益加劇的時期。一九三五年至一九三七年，總督府發送免費的無線電收信機等措施，造成收聽廣播的登錄聽眾人數倍增，當時也正好是皇民化教育初始階段；一九三七年（昭和十二年），報紙和雜誌廢止了漢文專欄，並且在廣播方面，暫時禁止使用日語以外的語言播放節目。

一九三四年，文教局發表未來十年的願景：「企圖將國語的普及率提升至本島人百分之五十五，去除老幼階層之後，能夠達到百分之七十的比例，並且改良本島人的習俗，使之與母國人同化。」（《臺灣日日新報》一九三五年二月十一日）此時，臺灣人的日語普及率約在百分之三十，實際上的狀況甚至被認為比這個數字還要低。

在臺北市區，雖然使用耳機或在喇叭狀蓄音機旁收聽廣播的人數有所增長，但依舊是以內地人為主。國島氏天馬行空地畫出，大稻埕女給帶著美酒等所需物品在店外提供服務，找到在野外收聽廣播的內地客人，女給想著：「光是守株待兔是做不了生意的，要更先進地踏出新步伐。」

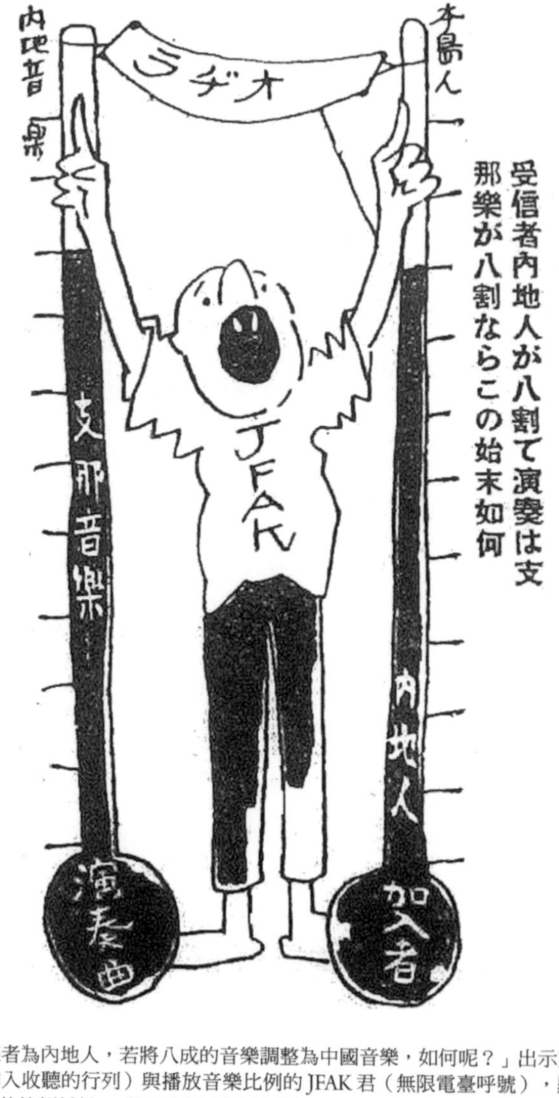

「有八成的收聽者為內地人，若將八成的音樂調整為中國音樂，如何呢？」出示加入者比例（右方，指加入收聽的行列）與播放音樂比例的 JFAK 君（無限電臺呼號），顯示出內地音樂和本島人的比例偏低。（1929 年 4 月 22 日）

這幅幻想漫畫描繪珈琲店的女給，在野外也能收聽廣播的時代，帶著附有電力的移動珈琲店裝備，在外頭提供服務，讓正在賞月的男性驚訝不已。（1934年2月26日）

事實上，以臺灣人和原住民青年為對象的皇民化教育，真正發揮功能的並非廣播，而是在各地區編組的青年團。

一九四二年（昭和十七年）十月，即使廣播事業已經發展至第一放送使用日語、第二放送使用臺語的階段，但是廣播的普及率卻未達到足以洗腦臺灣人的程度，而當時已是日本統治的最後時期。在將近半個世紀的歲月裡，與日本人一同生活、在同化為內地人的狹窄縫隙間生存下來的臺灣人，究竟是否已經被殖民統治者成功洗腦，仍是一大疑問。在中日戰爭呈現膠著狀態的時期，日本打出「思想戰」的戰略，使用福建話向海外發送廣播。筆者認為這與上述用皇民化政策洗腦臺灣人的內容，應該要分開討論。

臺灣放送協會的建築物在二二八事件過後被國民黨接收，成為宣傳反攻大陸政治思想的放送據點，進入一九七〇年代，廣播終於在臺灣社會普及化。一九九六年，時任臺北市長的陳水扁將該建築物改為二二八紀念館，也將公園改稱為二二八和平公園並對外開放，成為至今仍可見的屋外展示空間。

在公園的正門附近，保存並展示了十分珍貴的文物——日本最早的蒸汽火車。

交通發達所帶來的夢想

兩輛展示在公園的黑色蒸汽火車，其中一輛是一八七二年（明治五年）最早在日本運行、往來於新橋和橫濱之間的蒸汽火車；在殖民臺灣當年運至島內，直到一九二六年（昭和元年）都在臺灣的鐵道上奔馳。

鐵道作為大量運輸貨品的交通設施，縱貫南北狹長的臺灣島，成為人員、貨物往來移動和產業發展的一大助力；當時，與內地聯絡的航線也進入了高速化的競爭時代。開通東部花蓮—臺東路線後一個月，也就是一九二六年（大正十五年）四月，內臺航路縮短往來聯絡的行程，米穀貿易也隨之興盛。

一九一五年（大正四年）舉辦下水典禮的大阪商船「湖南丸」，在關東大地震發生前不久加入高雄—橫濱之間的定期航線。在地震發生時，湖南丸正巧要停靠橫濱，[5]船員紛紛燒飯賑濟，並且將蓬萊米[6]運至神奈川縣輸送給受災的民眾。停靠湖南丸屬於大型船艦，重達兩千六百噸，配有活塞引擎，航行速度快，足以挑戰內臺航線航行時間的最快紀錄等，備受臺灣人民矚目。

一九一九年（大正八年）四月，根據總督府律令第一號《臺灣電力株式會社令》，日月潭水電計畫工程正式動工，由於看好工業化將帶動臺灣—南洋航線的發展前景，新加入的企業如山下汽船等增加不少。臺灣作為南支（中國華南）、南洋的重要中繼站，[7]能夠從荷屬東印度、法屬印度支那等地進口免關稅的糖等原料，其後在臺灣使用低廉、豐富的電力進行加工精製後，再向內地和中國大陸出口。換言之，臺灣擁有作為加工轉口貿易地的深厚潛力。

挑戰高雄—橫濱的湖南丸。「快要打破紀錄的勇者，氣勢雄壯威武，請好好表現吧。」（1925 年 4 月 12 日）

由山下汽船負責的南支、南洋兩條航線如下：第一線（南支）為打狗—基隆—上海—福州—廈門—廣東—香港—打狗；第二線（南洋）為打狗—香港—海防—下龍灣[8]—西貢—曼谷—新加坡—爪哇—婆羅洲—菲律賓—香港—打狗。一九二一年（大正十年）四月，山下汽船還設立了南洋定期貨物航線，連接東京、基隆、香港和海防四地，每月往返兩趟。山下汽船開拓了以臺灣為中心，連結南北的南支、南洋的貨運航線，贏得了臺灣產業界和島民熱烈的喝采與掌聲。

報紙上提到：「山下汽船開創此一航線，想必是有先見之明、洞察世界海運的趨勢，認為必須先以此地[9]為據點。不僅如此，山下汽船並未要求總督府提供補助等措施，毅然決然地做出決定，應大大地予以讚賞。特別是他們發出聲明，以本島為中心，期望能持續促進本島產業的發展及貿易的開拓。」（《臺灣日日新報》）。

在本書第二章中曾經提及，山下汽船為了與兩大船業巨頭對抗，調降運費來獲得支持。由此可見，因為競爭的存在，不僅提升了交通的便利性，同時也加速產業的發展。

一九三〇年代初期，由於航空技術的發展，對於運輸的視野更進一步擴展至空中。歐美擴張了亞洲殖民地與中國之間的航空路線，日本為了與其對抗，也開始摸索內臺航空路線的可行性，並且在一九三六年（昭和十一年）春季得以實現——「內地—臺灣之間的定期航線為我國商業航空帶來劃時代的飛躍發展。」（《臺灣日日新報》）對少數富裕階級來說，大幅地

臺北實業界的祖父，雖然請前面座位的「船運費」拿下了帽子（運費九折），但是臺北商工會的小少爺前方，還有稅金和尚等人擋著。（1925 年 1 月 25 日）

「內臺飛行時間竟然只需要九小時，這個世界真是太驚人了，世界真的愈來愈小了啊。」
「那些有錢人也可以在其他方面把世界變小嗎？」（1931 年 10 月 12 日）

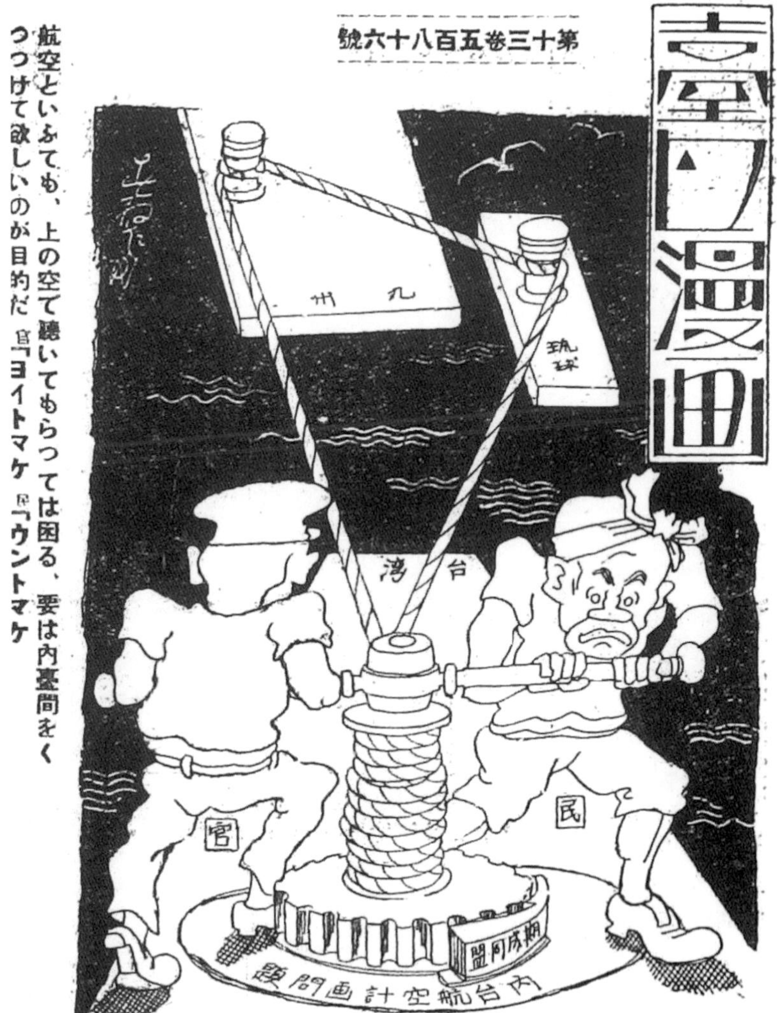

臺灣官民在「內臺航空計畫問題」上同心協力。「簡單來說，就是想將內臺拉攏到一起。」奮力地試圖縮短臺灣和九州、琉球的距離。（1933 年 12 月 4 日）

縮短了內臺往來的移動時間。

在公路網絡方面，雖然臺灣總督府也致力於整備工程，但是因為洪水災害的反覆侵襲，跨越大型河川的橋梁等工程面臨了許多困難，因此在拓展公路的事業上較為遲緩。尤其是在斷崖峭壁連綿不絕的東臺灣宜蘭—花蓮之間的道路工程，是出了名的險要難關。總工程耗費約三百萬日圓，因工程而死亡的人數有五十八名、傷者四百四十九名；除此之外，總督府在施工期間因害怕原住民的襲擊，甚至動員多數警察，可說是眾人賭上性命的道路工程。

其後，輕便軌道逐漸由公車所取代，並且在明石總督時期著手興建的縱貫公路啟用後，如同今日乘坐汽車在島內南北移動已不再是夢想。不過，總督府在臺灣地區徹底實施人車分道的規範——汽車由左側通行，行人須在人行道上行走——警察以高壓的方式向行人宣導安全通行規定的情景，也成為國島氏嘲諷的題材。

在交通便利的島內，為了培育人民的鄉土愛，臺灣八景和十二名勝被指定，由總督府官民一同積極地推廣當地的觀光事業，希望能吸引內地和都市地區的遊客。此處提及的臺灣八景分別為基隆旭岡、淡水河、八仙山、日月潭、阿里山、壽山（高雄）、鵝鑾鼻、太魯閣峽谷，在一九二七年的指定地投票中，包含內地與海外殖民地，募集而來的總票數居然高達三億五千九百萬票。

臺灣警察的強勢遭到市民嫌惡。在臺北街道上宣導車輛必須遵守左側通行規則的警察，對糊塗走出車道的行人也同樣嚴厲。（1934 年 2 月 22 日）

天使正準備用投票的弓箭瞄準，向臺灣八景的愛心靶心發射。「一切都準備就緒，究竟是哪個地方雀屏中選呢？」（1927 年 6 月 12 日）

長官的早報和勇敢的晚報

正如同臺灣八景的投票數所顯示的，當時的報紙媒體具有相當大的影響力。

在大正時代，隨著普通教育的普及，報紙讀者的人數急速增加。在一九二一年左右，東京的五大報紙（《報知新聞》、《時事新報》、《國民新聞》、《東京朝日新聞》、《東京日日新聞》）互相競爭，發行量約為二十萬份至四十萬份之間。順道一提，諷刺漫畫為了在這場爭取讀者的競賽中有所貢獻，在週日的報紙版面附上彩色附錄，配合報紙媒體的發展和步調前進。

在臺灣，《臺灣日日新報》（一八九八年五月一日創刊）是臺北唯一的日報，是後藤新平民政長官在任期時留下的成果。後藤氏上任不久，臺灣的兩大報社（《臺灣新報》（一八九六年創刊）和《臺灣日報》（一八九七年創刊））對立，其他小型報社也各自林立，在無法容忍報社對總督府反覆批判的情況下，總督府將兩大報社整合為一，歸為官方報社。為了國家的尊嚴，採用強勢的方式控制報紙媒體，是後藤新平常用的手段，後來在滿洲國的統治，也如法炮製。由此可見，後藤氏充分認識到媒體所具有的影響力。臺灣其他都市（臺中、臺南、花蓮港）所發行的地方日報共有六家，但是就規模、內容以及發行期間來說，都遠遠比不上《臺灣日日新報》。

臺灣日日新報社位於西門町附近，也就是在現今力霸百貨公司[10]的位置。除了《臺灣日日新報》，該報社除了發行主要報紙外，還以附錄的形式發行「總督府府報」、「臺北州報」、「臺北市報」等報，另外也從事書籍的出版及運動、登山用品的販售事業等，採多元化的經營。

一九二四年（大正十三年）六月，《臺灣日日新報》開始發行晚報，在該年早、晚報的發行量共計一萬八千份（巔峰時期為五萬份）。雖說是晚報，但是與隔日的早報一起發送。在訂閱報紙人數增加及消費經濟發展的背景下，臺灣日日新報社看中發行晚報將能夠增加廣告收入；然而，震災下的經濟卻十分蕭條，國島氏在漫畫中揶揄道：「發行晚報，真是勇敢的決定。」

在臺北地區，佔人口大半比例的臺灣人之日語識字率算高，而《臺灣日日新報》為了「國語不解者」（無法閱讀日語的臺灣人）的讀者，特別在第四版設置漢文欄，這是自創報以來便延續下來的傳統。〔此外，有別於日文版的《臺灣日日新報》，報社也曾經發行《漢文臺灣日日新報》的漢文日報（發行期間為一九〇五—一九一一年）。〕

不過，一九三七年政府下令禁止漢文，臺灣人整體的日語識字率仍舊未滿四成。收音機聽眾的內臺比率幾乎全由內地人所佔，就連報紙方面也呈現相同的傾向。

儘管如此，至一九四四年（昭和十九年）廢報為止，《臺灣日日新報》的強大影響力不只是在臺灣的政治社會、言論界，也擴及文學以及島民生活文化等全方面領域，持續地發揮作用。一九一六年舉辦的始政二十週年紀念博覽會──「臺灣勸業共進會」[11]上，創立該報的後藤民政長官十分難得地與夫人一同蒞臨現場。巧合的是，這場紀念博覽會也造就了國島水馬前來臺灣日日新報社就職的契機。一九一二年（大正元年）十二月二十一日，後藤新平上任遞信大臣[12]，兼任鐵道院總裁，並成為直轄臺灣與朝鮮等地的拓殖局總裁，後來因為內閣只維持了短短兩個月的時間，[13]因此在與臺灣的關係上，後藤氏未能充分發揮實力便匆匆下臺。後藤氏來臺參加紀念博覽會，正好是長期休息、未任官職的期間。

後藤氏親眼目睹自己過去一手培育的臺灣發展狀況，感到十分滿意，滿足地在臺度過十日的行程。彷彿是與其接替一般，國島水馬決定留在臺灣，在後藤氏所創立的《臺灣日日新報》中，以漫畫記者的身分活躍於業界。

臺灣懷舊廣告的變遷與高砂啤酒

在報紙版面上出現的不只是報導文章、照片和漫畫，而廣告的版面也不只有內地和臺灣商品的廣告，還包括豐富的海外廣告。

赤玉波特酒（Port Wine）、宮田腳踏車、味之素、森永牛奶巧克力、可爾必思、森永奶粉、BULL-DOG SAUCE[14]、三得利角瓶威士忌、白鶴清酒、臺灣神社御用酒、澤之鶴[15]、日東紅茶、福助二趾鞋襪[16]、明治牛奶糖、固力果[17]和仁丹[18]等，至今仍是眾所皆知的品牌。另外還

在馬來半島，以銀輪部隊[19]活躍於前線的宮田腳踏車，以及至今仍舊在市面上販賣的三得利角瓶威士忌，當時刊登在報紙上的廣告。（1934年1月29日）

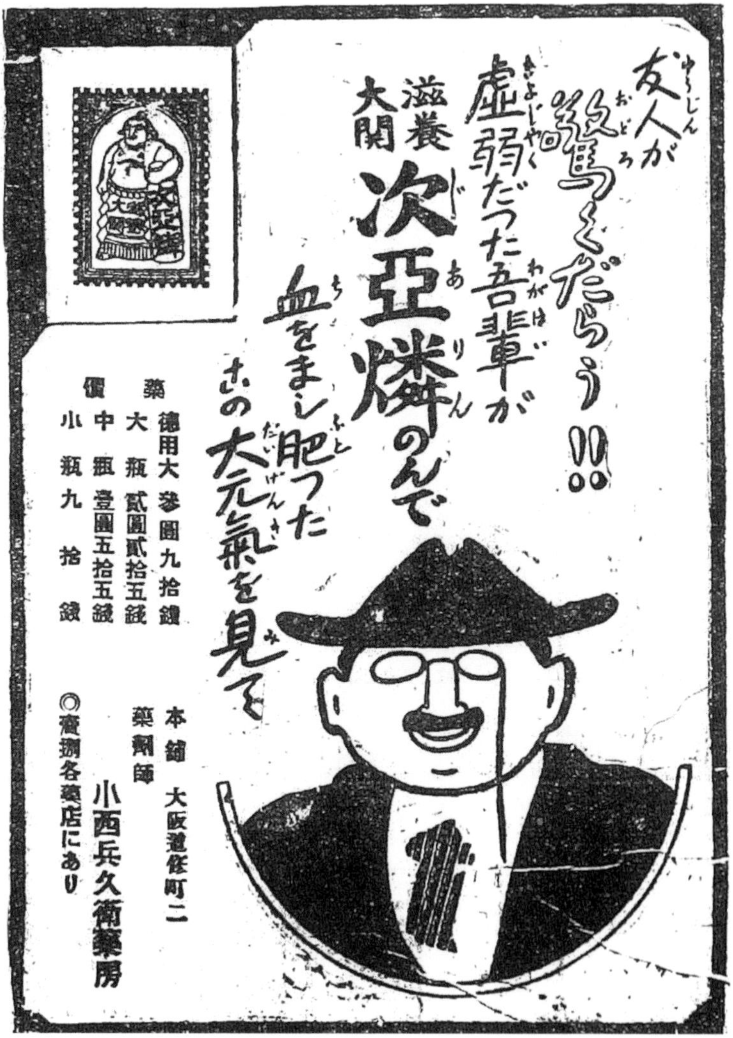

滋養強壯的飲品廣告也是當時報紙廣告上的常客。與其他商品一樣，在臺灣販賣的藥品幾乎都是在內地生產的產品。（1928 年 4 月 15 日）

有男性內褲（日本特有的男性內褲「サルマタ」）、髮蠟、英語教材，甚至淋病治療的全版廣告及性慾增強劑等，廣告內容可說是五花八門、琳瑯滿目。

在消費文化方面，昭和初期百貨公司的消費潮流從內地席捲而來。臺北的「菊元」百貨於一九三二年（昭和七年）開店營業，而臺南與高雄也出現了其他的百貨公司。如今，日本體系的太平洋崇光SOGO百貨（編按：二〇一七年更改為遠東SOGO百貨）和三越百貨，在臺北也十分受到臺灣人的青睞而生意興隆。百貨公司的開幕不僅對日治時期的臺灣庶民生活帶來變化，也在報紙廣告的世界中造成巨大的影響。

居住在都市的臺灣人民積極地接受西化和日本化的改變，而邁向文明開化；在後來的日語世代與皇民化運動中，他們可說是展現協力合作、恭敬順從的先鋒。

消費文化與媒體廣告有密切的關聯，品牌的共享與共用其實也有促進內臺融合的作用。隨著中日戰爭的白熱化，報紙刻意藉由國產品牌來強化內臺融合，即使在今日，光從視覺上也能夠感受到當時幾近可怕的強硬訴求。

例如：「就是現在！全國上下，愛用國貨的重要時刻！」（一九三八年一月）是外傷用藥品的廣告臺詞；「廣播大喊一、日產一」[20]則是肥皂、洗衣粉製造商[21]的廣告（一九四〇年一月），也呼籲消費者購買日本生產的商品。「因疲勞而導致的體質耗弱，將會對國家的生產能力帶來巨大的損失」（一九四〇年四月）之警告標語，則來自「若元胃腸藥」（わかもと）。

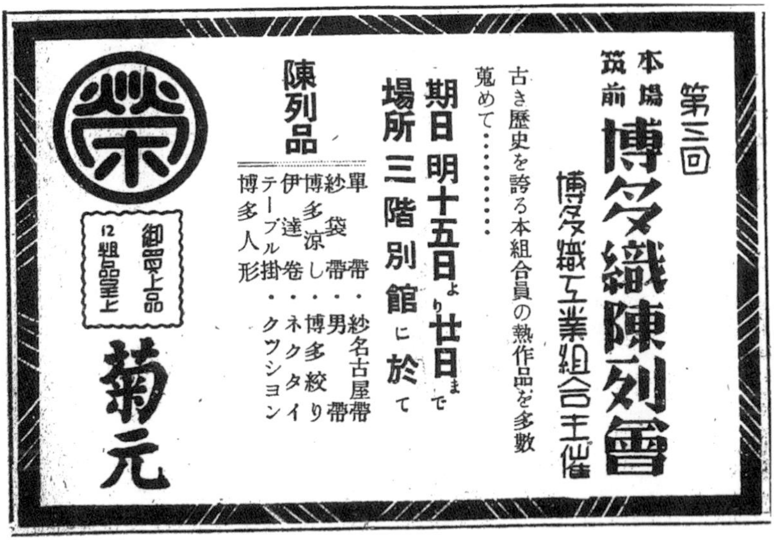

宣傳博多紡織品[22]展示會的「菊元」百貨公司。百貨公司不僅推進了臺北的消費文化，更為都市地區臺灣人的日本化盡一臂之力。（1934 年 4 月 14 日）

今日，我們日本人（及臺灣人）日常生活中所使用的知名品牌商品，在殖民地的官方報紙上，以同樣的面貌（如可爾必思和固力果，至今仍使用同樣的商標圖樣）進行宣傳，以今日的眼光看來，在戰時體制時呼籲大眾支持國家的模樣，與其說是復古懷舊，不如說給人一種背脊發涼的驚悚感。

一九三九年（昭和十四年），內地禁止使用帝國陸軍士兵的形象作為宣傳，這使得廣告中的戰爭色彩更加濃厚。

面對如此劍拔弩張的氛圍，仍然有不識時務的廣告宣傳，如啤酒公司的廣告：「出浴後來一杯，精神百倍高砂生啤。」。

一九三九年，在臺灣島內由於以農村為首的經濟繁榮，以及民眾生活水平的提升（本島人原本不太喝冰涼的飲料），每人的啤酒平均消費數量有所成長，啤酒市場持續熱絡。這一年共進口十八萬箱啤酒，加上島內釀造的八萬箱，合計消費了二十六萬箱的啤酒。當時臺灣進口啤酒的主要品牌為大日本（惠比壽、札幌、朝日、UNION四種）、麒麟、櫻花三家公司。麒麟和櫻花公司旗下的啤酒皆為單一品牌，一九三九年六月雖公布了商標（品牌）統制制度，但是在炎熱的臺灣，只有止渴飲料——啤酒的銷售量——仍維持著「精神百倍」的狀態。

一九二〇年（大正九年），高砂麥酒株式會社開始販售臺灣首次釀造的當地啤酒品牌，當

高砂麥酒株式會社的「高砂啤酒」，是首次在臺灣島內生產的啤酒品牌，在臺灣島民之間大受歡迎。（1939 年 7 月 29 日）

時還只是一個新設、小規模的釀造所。不同於容易受到氣候變化影響的清酒，啤酒的優點在於只要仔細挑選原料，便能釀造出不遜於內地啤酒的品質。即使如此，在一九三三年（昭和八年）被總督府專賣局指定為專賣品項之前，高砂麥酒株式會社所推出的臺灣當地啤酒品牌，在面對內地啤酒的競爭之下，還是苦戰了許久。甚至打出附加贈品等對策，期望能逐漸扭轉劣勢。

到了戰後，高砂麥酒株式會社被中華民國臺灣省菸酒公賣局接收，並繼續使用日治時期的部份釀酒廠房[23]釀造「臺灣啤酒」。該處設有舒適的啤酒庭園，在這個時間好像靜止的空間裡，徜徉在當時日本人釀造高砂啤酒的想像之中，同時品嚐現代的臺灣啤酒滋味。

筆鋒勝劍鋒

行筆至此，筆者將依序介紹國島水馬抵臺時的狀況，以及在這個時期前後諷刺漫畫的背景環境；接著，筆者打算述及國島氏辭去報社職務成為非正式職員之後，於戰爭前夕的諷刺漫畫變遷過程。

正如前文所述，關於國島氏的生平並未留下太多資料與線索，不管是他的出生日期、出生地或何時逝世等訊息，皆無從得知。唯一能夠窺見他在擔任臺灣日日新報社漫畫記者時代的樣貌，只有在國島氏《臺灣日日新報》一九四〇年（昭和十五年）五月十六日的報紙上所撰

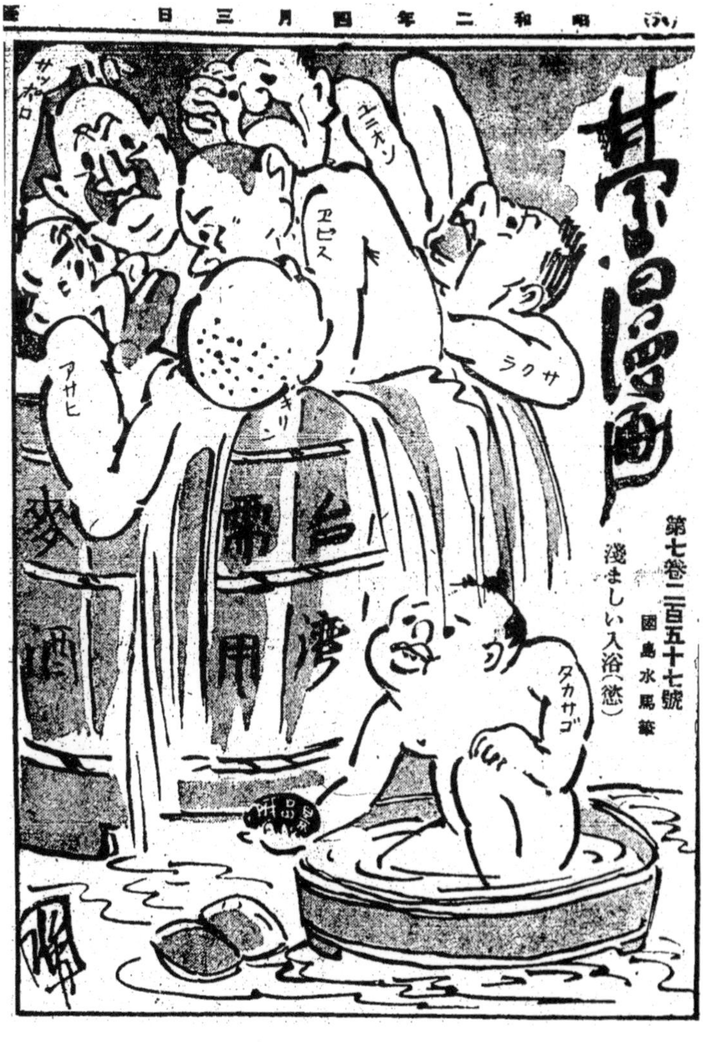

「欣羨入浴（欲）」。內地品牌的男子獨佔著「臺灣需求」的大澡盆，高砂啤酒的孩童只能在下方，手拿「贈品」盛接大澡盆所溢出的洗澡水。（1927 年 4 月 3 日）

寫〈漫畫回顧錄〉文。

根據該篇文章，國島水馬在一九一六年四月前來臺灣，參觀臺灣勸業共進會，與內地八卦小報《萬朝報》的記者聊起漫畫，雙方一發不可收拾地徹夜暢談。當國島水馬得知臺灣的報紙未曾刊登漫畫的消息，便突發奇想，決定長留臺灣，並於六月進入臺灣日日新報社工作。翻閱報紙，可以看見六月十七日的《臺灣日日新報》第三版刊登了國島水馬第一篇漫畫作品。

然而，當時臺灣的印刷技術尚未成熟。

「進入報社後，即使交出了漫畫的草稿，雖然銅版印刷勉強（網點粗糙）說得過去，但因為沒有凸版，所以不知道凸版印刷的技術。當印刷需要凸版之際，只能以木版印刷替代，這往往會延遲兩、三天甚至是一個禮拜的時間，讓人覺得不甚可靠，但《臺灣日日新報》還是願意在報紙上刊登漫畫，內容題材取自當地，以迅速獲得讀者的矚目與青睞。」

正如前文所述，臺灣在一九一一年（明治四十四年）創刊了《臺灣頑童》（中心人物為關盛雪），以及《高砂頑童》。在《臺灣日日新報》刊登漫畫的刺激下，《商畫報》（後來的《臺灣經世新報》）也開始刊載漫畫。國島氏指出「漫畫鬥爭的時代來臨」，但也批判道：「除了《臺灣頑童》以外，其他都只是借用他者創意的作品罷了。」

關於「漫畫」一語詞的使用，始於日本的江戶時代，但「漫畫」帶有現代風的戲畫或諷刺畫的涵意，則是從大正至昭和初期才開始。在大正時代，報社的漫畫記者開始繪製漫畫，而成為一種職業，「漫畫家」、「漫畫」也因此成為固定的用語。在此之前，人們大都稱之為「膨奇」[24]、「鳥羽繪」[25]。「膨奇」一語，來自一八六二年（文久二年），英國人查理斯・韋格曼（Charles Wirgman）在橫濱的外國人居住地創刊的漫畫雜誌《日本・膨奇》（ジャパン・パンチ／Japan Punch），發行至一八八七年為止），其後，人們開始普遍將諷刺時局的漫畫稱為「膨奇」（文明開化時期，該雜誌對日本的漫畫界帶來了衝擊與影響）。

自明治初期流行的「膨奇」一詞（時事漫畫之意），在日俄戰爭後逐漸轉變成為低俗事物的代名詞。此後因北澤樂天、宮武外骨等人的活躍，轉而稱為「漫畫」、「時事漫畫」、「頑童」、「頑童畫」。

但好景不常，漫畫進入了苦難的時代。

一九一〇年（明治四十三年），日本政府對於因日俄戰爭和平條約引發日本社會的不滿與混亂，從而興起的自由主義與個人主義風潮，開始加強取締行動，於是發生了「大逆事件」，逮捕事件相關人士。從日本政府宣判其死刑後的一週之內，共處死十二名人士，震驚日本言論界。宮武外骨的《大阪滑稽新聞》在一九一三年（大正二年）停刊，北澤樂天的第二次《東京頑童》[26]也在一九一五年（大正四年）被迫休刊。當時諷刺漫畫喪失了諷刺的性質，無力挽回的流失讀者。

如此一來，在東京值得注目的漫畫雜誌已蕩然無存，這或許也是國島氏決定來臺灣發展的原因之一。

一九一六年（大正五年），日本內地出現了其他漫畫雜誌，但刊行一年後便宣告停刊。不過，大約從這個時期開始，擺脫了政府當局的干涉，民主社會開始登場，漫畫也再度搭上大正民主的潮流而繁盛了起來。

這也是國島氏活躍於《臺灣日日新報》的時期，此後日本內地的漫畫活動也持續呈現活絡的狀態。

因俄國革命而受到衝擊的日本大正民主風潮，也影響了美術界。在一九二六年（大正十五年）成立的日本漫畫家聯盟，發行漫畫家與畫家共同的機關雜誌——《幽默》（ユウモア），目標是提高「卡通」[27]這種單幅諷刺漫畫在藝術水平上的格調。

其宣言如下：

「漫畫界正處於沉寂、停滯的狀態，至今還無法跳脫出膨奇畫的範疇。毋庸贅言，漫畫家必須是一位不拘泥於形式、辛辣的文明評論家、嚴謹的人生評論家。（中略）為了漫畫的藝術，我們不得不徹底地和商品主義、粗鄙下流的藝術展開戰鬥。」

然而，漫畫文化的中心仍在日本內地。即使國島氏在臺灣豎起了一面大旗，但從內地的角度來看，他仍只是一位外地的無名畫家。對國島氏而言，內地的漫畫活動以及因戰時體制的轉變而對言論限制，究竟帶來什麼樣的影響，我們已無從得知。但可以確定的是，昭和初期國島氏在繪製漫畫的能力上，彷彿與內地相互呼應、競爭一般，已是相當進步。

在運用凸版印刷的技術實現之後，國島氏的漫畫刊載頻率增加為一週一次。「大正九年（一九二〇年）臺灣日日新報社以一週一次、每次以佔半頁版面的方式刊登，並逐年遞增，最後將版面擴大至全版面，得到廣大的歡迎。臺日漫畫的專欄在第十三卷末期逐漸縮小篇幅，至一九三四年（昭和九年）離開報社後，已不見昔日光景，時至今日幾乎可說是無影無蹤。我認為這也是漫畫熱潮的高低起伏變化。」（作者按：「第十三卷第五百五十八號」是一九三三年（昭和八年）十二月十八日第四版）

據說，國島氏曾四度捲入「筆禍事件」，並且「被禁止刊登兩次」。但國島也自豪：「另外，我個人感到得意的是，本人的創作內容曾經偶然和其他作品相同，並且是在一週前、十天前甚至更早以前就刊載在《臺灣日日新報》上，因無剽竊嫌疑，而從主編手上獲得報酬。」不只是《臺灣日日新報》，所有在臺灣發行的報紙和出版品的內容，都須因應發行限制的規定，接受總督府的事前檢閱。然而，或許因臺灣的關係，在檢閱上會出現放水、敷衍了事的情況，因此偶爾還是會看到出版品中刊登出批判總督府的漫畫。

除此之外，甚至還有（諷刺漫畫大本營的）外國的漫畫家，前來模仿國島氏的漫畫。一九二七年四月，國島氏繪製臺灣銀行面臨破產危機時的漫畫，比日本內地漫畫早了一

1927 年的經濟大恐慌，臺灣銀行停業（發生火災），就在臺灣商工會等人的關注之下，以延緩債務繳還的方式滅火。（1927 年 4 月 24 日）

步，他對此也十分得意。

「其他許多事蹟，因為都是自吹自擂，就省略不提。容我多說一句，那些人只是將漫畫看成滑稽畫的傢伙罷了。」國島氏對於諷刺漫畫的政治、風俗等批判精神，在第一次世界大戰期間，也在德國、義大利戰線的後方透過漫畫來展現，以實證的方式強調「筆鋒勝劍鋒」的真義。他本人也暗示自己在暗地裡批判政治：「經十年星霜，埋首於臺灣歷史，完成敝人的臺灣年史。在臺灣日日新報社的崗位上，負責執筆的政治社會漫畫，可謂一部風俗史。這部為了認識本島而繪製的漫畫日記，作為促進皇民化運動之一環，能眼見其開花結果，敝人銘感五內，在此向臺灣日日新報社獻上最誠摯的感謝。」

這是國島氏一九四〇年的手記。面對緊張的時局，眾人如履薄冰，一不小心就可能被冠上「國賊」的罪名。但是，筆者還是能夠從這篇手記中感受到國島氏的心聲。「作為皇民化運動之一環，能眼見其開花結果之景」，實則為恭維的詞語，並非國島氏的真意。統治者未能察覺到隱藏在諷刺漫畫中，繪者對總督府及政府的批判，這件事本身也形成了「漫畫」（可笑之事）。國島氏自抵臺初期，「為了認識本島、作為促進皇民化的一環」才繪製漫畫，當然是不可能的事。就算說是「認識」本島，其主語也應當是國島氏本人，或者是能夠解讀漫畫中諷刺意涵的聰明讀者。

在手記的最後，國島氏宣言如下：

「奇幻（nonsense）漫畫的時代，應該已經遠去。敝人確信，今後應是政治與風俗的漫畫將會撐起大局。」

奇幻漫畫是第一次世界大戰之後在歐美大受歡迎的一種漫畫型態；在日本，則是由岡本太郎的父親——岡本一平提升了奇幻漫畫的內涵。在大正時期的朝日新聞中，連載了岡本一平附有文章的一格漫畫，創出獨樹一格的潮流——「不會寫文章的漫畫家稱不上一流的漫畫家。」[28]從戰後到現今日本盛行的故事漫畫，便是從岡本一平的四格漫畫所演變而來。[29]

當戰時色彩日益濃厚，臺灣諷刺漫畫的畫風愈來愈傾向國島氏所厭惡的無產階級漫畫和奇幻漫畫。漫畫家國島氏的吶喊，逐漸被高漲的軍靴行進聲和爆破聲吞噬殆盡。

第八章

大正民主風潮的終結

滾向地獄谷的日本

一九三三年（昭和八年）一月和二月，有兩位日本女學生在同學的面前跳入日本大島三原山的火山口，自殺身亡。

因為這起自殺事件，三原山火山口因此成為知名的自殺勝地，光是同一年內，包含自殺未遂的人數在內就高達九百名。

這個現象被稱為「三原山信仰」，在國島氏的漫畫中也出現前來臺北北投溫泉的男女，因該地溫泉特有的硫磺氣味，而展開「要不要去山上自殺」的對話。這裡的「山上」大概是大屯山（草山的火山），或是位於附近以危險聞名的北投溫泉泉源——「地獄谷」（地熱谷）。無論是哪裡，都只是國島氏借用的比喻。反映晦暗世局的諷刺漫畫，不禁讓人覺得，這似乎

在北投溫泉，女子說：「真是充滿硫磺臭味的煙霧呢！」男子邀約女子前往山上，女子則是露出嫌惡的表情說道：「真是的，這樣會讓人想到三原山啊！」（1933 年 5 月 22 日）

在五一五事件的半年前左右，犬養氏以七十六歲的高齡取代了若槻內閣就任內閣總理大臣，備受眾人期待。「目前正是準備迎接春季的時刻」，替換日式拉門「內閣」的紙糊窗格後方，一名貌似軍部人士的男子正在打掃，前方是「蔣介石下臺」的蜘蛛。（1931 年 12 月 21 日）

是對不久前逝去的大正民主風潮所獻上的哀悼輓歌。

將國島水馬召喚至臺灣的大正民主風潮，在一九三二年（昭和七年）五月十五日，大約是在三原山信仰鬧得沸沸揚揚的半年前，隨著犬養毅首相在總理官邸遭槍殺的聲響，而畫下了句點。

犬養氏在滿洲國的認可立場上採取慎重考慮的態度。而這場由軍部主導，槍殺犬養首相的叛亂，也是日本軍部取代政黨政治、掌控政權的開始。面對混沌不堪的社會，失去未來希望的民眾前往能夠自殺成功的場所，同樣地，日本在與中國的戰爭上也正朝著地獄谷的方向而去。

首先，開始讓臺灣人感受到窘迫難受的，是未曾體驗過的經濟恐慌。在霧社事件發生的一年前，受美國影響而掀起的世界經濟大恐慌，讓許多民眾失去工作，臺灣社會也籠罩在烏雲之下。就算順利從中學或是大學畢業，找不到工作機會的青年，在國島氏的筆下被描繪成：「總算裝上了眼睛和鼻子，[1]接下來要找嘴巴，[2]就十分辛苦了。」沒有嘴巴的學生單手提著「學校畢業」的燈籠，在臺北的夜間時分找尋工作機會。

北投溫泉據說是日本殖民前一年由德國商人發現的溫泉。在五一五事件[3]兩個月後的一九三二年七月，德國大選結果出爐，阿道夫・希特勒的納粹黨取得勝利，躍升為德國第一大黨。犬養首相遭到暗殺的一個月後，日本眾議院通過認可滿洲國之決議案。一年後，就在

「今年，就來吃吃臺式的『米飯』。」總督府的預算被刪減，用湯勺舀取臺灣「粥」。
（1932年1月11日）

臺北的夜晚時分，穿著學生制服，手提「學校畢業」的燈籠，尋找「嘴巴」（口）的男子。
「總算裝上了眼睛和鼻子，接下來要找嘴巴，就十分辛苦了。」（1931 年 4 月 20 日）

「三原山信仰」上場的一月，德國納粹內閣誕生了。日本與德國彷彿相互呼應，開始向地獄谷的方向一路前進。

軍閥痛批日本的政黨政治讓政商界勾結，貪汙瀆職，敗壞日本；德國民眾受到希特勒的煽動，認為將國民逼到窮途末路的戰後賠償，其罪魁禍首為英、法、俄等協約國，並對這些國家心存怨恨。日本軍部與德國納粹黨都各自將媒體和國民捲入風暴，提高了軍靴行進的音量。在這樣的時局與風潮下，令臺灣人留下深刻印象的是「帝人事件」。

事件起於神戶的政商（出身土佐）金子直吉。金子氏曾經親近臺灣民政長官後藤新平，獲得臺灣樟腦的專賣權，賺取巨額財富。一九三四年（昭和九年）一月，內地的報紙刊載由金子直吉擔任老闆的鈴木商店，其旗下關係企業——帝國人造絹絲株式會社（簡稱帝人），有持股買賣的嫌疑。在早先經濟恐慌的時期，帝人將二十二萬股交由臺灣銀行作為擔保，後來金子氏為買回股票因而賄賂政商顯要人士。最後，中島商工大臣[4]和臺灣銀行島田董事長[5]等共計十六人，被檢察官以背信罪和收賄罪起訴。

繼犬養氏之後上臺的齋藤實內閣，因受帝人事件的影響，在半年後內閣總辭。但三年後的判決結果，被起訴的十六人全數無罪。據說當時檢察官僚中的大老——平沼騏一郎（樞密院副議長），因為曾受齋藤實阻撓坐上樞密院議長之位而心存怨恨，為了倒閣而向檢察人員施加壓力。帝人事件將政商界的醜陋暴露於全體國民面前，在民眾心中留下深刻的印象，此

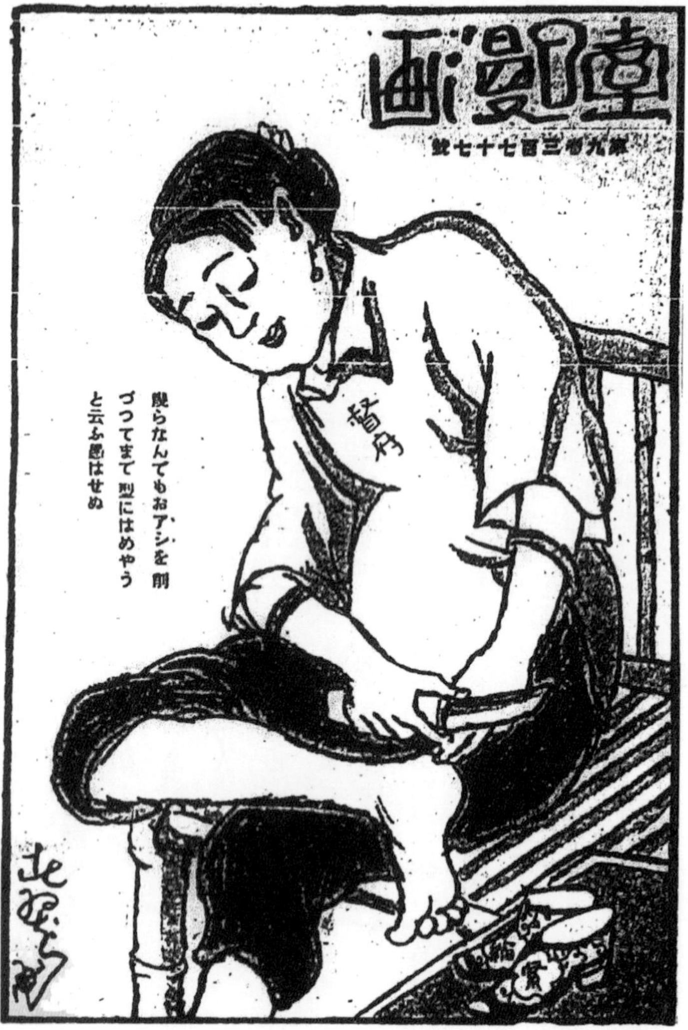

面對財政緊縮的纏足，「還沒有愚蠢到削足適履」的總督府。（1929 年 8 月 19 日）

在經濟不景氣的時局下，跳舞作為一種不花錢的娛樂活動，曾在坊間吹起一陣流行的風潮。凸山氏因為跳舞跳過頭，被拉人力車的臺灣車伕攙扶回家，凸山氏的妻子還誤以為丈夫喝酒喝到不省人事。（1932 年 11 月 14 日）

綁上「帝人股票問題」一字巾的臺灣銀行。「實在是太令人心煩，將架上的不倒翁搬下來，在頭部綁上一字巾、推倒查看……」調查人員調查著某種大事件。（1934 年 4 月 23 日）

外，也導致軍部發言力更加強化。

在等待判決結果出爐期間，中日戰爭（一九三七年（昭和十二年））開戰前臺灣因鄰近中國大陸的特殊環境，而擔心從對岸招來池魚之殃，社會開始出現動搖與掙扎，甚至還可能讓長眠的「大稻埕之龍」重新甦醒。這場中日戰爭可說是將一面鏡子強硬地照在臺灣人的眼前。

在日、中狹縫中的試探

一九二八年（昭和三年）十月八日，蔣介石結束北伐，國民黨成立中華民國南京國民政府，直到九一八事變前約兩年的期間，臺灣的報紙媒體持續關注對岸的中華民國軍隊，例如在德國的援助下擴張軍備、與蘇聯的紛爭，以及對共產黨幾乎完全摧毀的圍剿行動等。

面對中國的緊張局勢，在一九三〇年至一九三一年期間，臺灣的海防及空防體制已整備齊全。不過，這時的海軍演習參觀導覽活動是由臺灣日日新報社主辦的，其漫畫也拿燈火管制規定來開玩笑，這個時期社會的緊張度並不高。

話雖如此，與中國隔著一道海峽相望，且同為中華文明的臺灣，正因作為日本與中國開戰及前進南洋的基地，而加深了重要性；另一方面，臺灣人的命運卻也苦於情感上的複雜糾葛。推進北伐的國民政府與日本反目，提高了臺灣島內反中國的情緒，但即使中國大陸與臺

即使開始燈火管制，市民也絲毫未感受到緊張，在黑暗中，踩到水牛糞便，在一陣狂鬧騷動中結束。在腳邊還有「左傾文書」的老鼠從空隙間竄出。（1931 年 3 月 16 日）

臺灣日日新報社主辦的「海軍紀念日紀念演習」參觀團，並提供澎湖駐軍伴手禮等。（1930年5月26日）

灣「華人」之間的關係已日漸稀薄，但日本人心中還是抱有危機意識和懷疑，畢竟幾個世代以前的臺灣人即是中國人，或許有一天就會群起響應中國的反日行動。

似乎是反應著這項憂慮，當時許多臺灣人感受到在一九三五年（昭和十年）以後，日本軍部的掌控與監視愈來愈嚴厲，口號也從「內臺融合」轉變為「皇民化運動」。

在國島氏的漫畫中，拓殖大臣將《國性爺合戰》[6]降伏猛虎的歌舞伎畫改為「國策」，畫中代表改正治安維持法的和藤內（國姓爺），手持天照皇大神宮的神符，在臺灣試圖降伏排斥母國運動的猛虎。拓殖大臣對著貌似臺灣總督府的人物說道：「我改成這樣，要怎麼說明，你就看著辦吧！」構圖中描繪出主事者的高壓姿態及語氣。

這齣歌舞伎劇的題材是鄭成功試圖反清復明而與清朝對抗的真實故事。鄭成功的父親是中國人，母親是日本人，這個背景偶爾會被拿來當做內臺融合的象徵性故事。而這一點也尖銳地反映出時代變遷，成為另一幅諷刺圖畫。

一九三七年（昭和十二年）制定「國語常用家庭制度」，常用國語（日語）的家庭經審查通過後，得以在家門前掛上「國語常用家庭」的標誌，並獲得各式各樣的特權，像是前文述及的配給制度等優待。

一九四〇年（昭和十五年）推行改（日式）姓名運動，臺灣總督府從同化政策轉向皇民化政策、從國語普及運動走向國語常用運動，隨著戰局的白熱化，徹底施行將臺灣人「日本人

在改為「國策」的歌舞伎繪上頭，改正治安維持法的和藤內，手持天照大皇的神符，降伏排斥母國運動之猛虎。（1934 年 3 月 19 日）

化」的運動。在皇民化運動下的臺灣人被迫表現出更像日本人的模樣，或是成為日本人，如有不順從，就會遭受到差別待遇或刑罰，可說是一種試探性的「踏繪」[7]。最後，甚至發展為「你們這群人究竟是日本人，還是中國人」、「是中國人的話，要回中國也可以」的風潮。

在殖民臺灣初期的一八九七年（明治三十年），日本曾經賦予臺灣人選擇國籍的緩衝期，國島氏在漫畫中繪出同樣的情景，讓時間彷彿倒回四十年前一般。

望著試探的「踏繪」，就好像望著鏡子一樣，重新審視表面上迎合日本、表現日本模樣的自己，但卻無法看出隱藏內心的真意。日本人當然也無法從「踏繪」的試探中，窺見臺灣人的內心世界。雖然臺灣人內心渴望著擁有自決權的議會機關，但實際上卻只能提出無傷大雅的改善待遇之請求。

非常時期的臺灣社會

足以在歷史與地理上動搖臺灣的，並不只有臺灣人的來源地中國大陸。

在日本殖民臺灣後不久，隔著海峽的菲律賓雖脫離西班牙的統治，但其獨立卻遭到美國的阻止，雙方在菲律賓－美國戰爭（一八九九－一九〇二）過後，菲律賓在一九〇一年（明治三十四年）成為美國的殖民地。時任民政長官、負責臺灣統治事務的後藤新平，十分關注這場戰爭，並且對美國的動向提高警戒，儘管美國當時在軍事和國力上尚未有顯著的發展。

與殖民初期賦予島民中、日國籍選擇期相同的「踏繪」。「本島住民去留，趁著這個機會，若是不喜歡日本，那就請回中國（明治三十年臺灣總督）。」臺灣人讀著這篇文章，教師督促道：「忘了也沒辦法，從頭再來一次。」（1936 年 9 月 28 日）

當時使用的國語家庭掛牌。（作者攝影）

早在前一年，日本趁著中國義和團亂事之際，在廈門本願寺布教所自導自演一場祝融之災。當時後藤新平祕密前往廈門，一方面是要為日本的佔領計畫做準備，另一方面也是要試探美國。後藤新平認為，美國將菲律賓當做接近、介入中國的跳板，日本與美國將來有可能在產業領域和領土爭奪上成為競爭對手。第一次世界大戰開戰初期，美國並未參戰，後來可說是坐收漁翁之利，得以迅速擴張國力。並且將臺灣腳邊的菲律賓作為據點，為了中日戰爭而深入對中國的干涉。

另一方面，九一八事變後，軍部也開始在臺灣展現自身的勢力與存在感。轉為文官總督體制、成為臺灣軍的軍部，其動向開始受矚目的時期，大概與臺灣經濟正從谷底向上爬升的時期（一九三二年左右）相互重疊。

尤其是產業界，對於在霧社事件中徹底展現武力威勢的軍部，其評價正好與此後兩年臺灣經濟迎來繁榮發展的趨勢（至一九三四年），呈現了相同的高度水平。

這與臺灣最後一任文官總督——中川健藏和反中川總督的軍部也相互重疊。中川健藏對於地方自治展現充分理解的態度，在其長達四年的任內，讓臺灣的社會和經濟得以安定下來。

中川氏是一位自由主義派的政治家，他對於臺灣要求政治權利的運動抱持著願意理解的立場。日治時期高階政治家對臺灣發展有卓越貢獻的人物，除了後藤新平、明石元二郎之外，便是中川健藏。當時，因政黨政治的弊害，臺灣總督經常上任一年就遭到替換，中川健藏能夠長期在任，可說非常的難得，不過他對「地方自治」所展現的理解態度，讓軍部很不是滋味。

換言之，這可說是最後一任文官總督與軍部之間的對立，前者對臺灣人仁慈，後者則相反。臺灣作為華南、南洋開發的據點，在軍事上日趨重要，而在發展上與國家政策密切相關的產業界選擇站在軍部的陣營，這是想當然爾的決定。

在這種情況下，臺灣報紙刊載諷刺漫畫的使命也宣告終結。在這個時期，國島氏也從職業的第一線退下來。繼任的野村幸一等漫畫家所描繪非常時期的臺灣社會，則完全沉浸在無傷大雅、奇幻空想的漫畫世界。

例如：在燈火管制下伸手不見五指的珈琲店裡，依舊卿卿我我的男女；喝醉的丈夫急忙攔住妻子正打算丟出的瓶子，是為「無聲的夫婦爭吵」；戴上防毒面具「非常時期裡大掃除的景象」；女子身上以代用品魚皮製成的手提包和鞋子，成群的貓咪繞著女子打轉；在眾人都穿著木屐的情況下，穿著皮鞋的「異樣人士」只能脫去皮鞋，一副在眾人面前抬不起頭的模樣；正在堆疊新東亞建設積木的日本少女，以及推倒、毀壞積木的白人青年，標題為「藍眼睛的男孩擅長破壞」。

過去國島氏描繪臺灣風俗的風格消失殆盡，變成只是一味地誇大非常時期的庶民風景，藉以宣揚國威。儘管如此，我們還是可以從中窺見當時社會的樣貌與民眾的苦楚。奇幻漫畫的

市民捐獻添購的軍用機，統一名稱為愛國號。在數字「七」重複出現[8]的七夕，臺灣少年夢見八八式輕爆擊機臺灣愛國 25 號與 26 號。（1932 年 7 月 11 日）

空虛，看起來就像是往地獄谷跌落下去的臺灣社會，所傳來的無聲吶喊一般。

在這一連串的作品之中，唯一能夠博君一笑的，是在空防對策上要使用後藤新平（一九二九年〔昭和四年〕逝世）的大包巾覆蓋臺灣，好讓敵機看不見臺灣島的方法。然而，由後藤氏建立統治基礎的臺灣，或許並不需要使用到大包巾，因為在內地政策決定者的眼中，早已看不見臺灣這塊土地。

內臺融合與臺灣自治問題的未來

在此，話題回到第一章的大稻埕。

以設立臺灣議會為目標的臺灣文化協會，雖然因激進派份子而分裂、消滅，但另一方面，穩健派人士（蔣渭水、林獻堂、蔡培火等人）另組「臺灣民眾黨」（一九二七年）。其後，警察加強管制臺灣民眾黨的動向，並在林獻堂與蔡培火成立「臺灣地方自治聯盟」（一九三〇年八月）後不久，臺灣民眾黨便遭到警察取締而被迫解散。

自從臺灣總督改為文官上任之後，林獻堂等人每年都會直接向總督府請願，提出設立臺灣議會應該優先賦予地方參政權的要求。然而，拓務省當局與總督府總務長官卻只是官方公式化地回應：「將於不久後，採取擴大地方自治制度的方針。」之後，英姿煥發上場的便是臺灣最後一任文官總督——中川健藏。

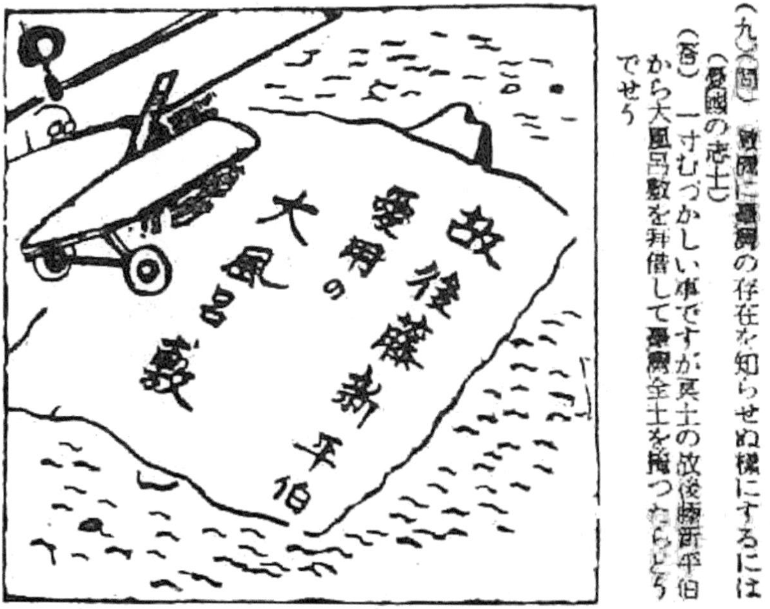
故後藤新平伯
愛用の
大風呂敷
（九）（問）敵機に臺灣の存在を知らせぬ樣にするには
（愛國の志士）
（答）一寸むづかしい事ですが冥土の故後藤新平伯から大風呂敷を拜借して臺灣全土を掩つたらどうでせう

「如何讓敵機不要察覺臺灣的存在？」「向身在黃泉的後藤伯爵借大包巾，用來覆蓋臺灣全土，如何？」（1934 年 6 月 25 日）

漫畫中一名男子在頭部綁上一字巾，在「低氣壓」正要發展成形的天候下，勇敢地準備划船出海。船為「臺灣自治問題」，準備好的兩支船槳分別為「本島人」和「內地人」。雖然有所躊躇是否時間還早，但是至少幹勁十足。

這位留著小鬍子的老年人，正是曾在國島氏漫畫中登場的中川健藏，那位拿著共婚法弓箭的邱比特。

中川氏就任臺灣總督的隔年，也就是一九三三年（昭和八年）起，提議就地方自治的問題，促成在島內引起討論；但是在報紙方面，卻只單純作為新聞報導，完全無視民間輿論，有意減緩議論的熱度。

據說與中川氏對立的臺灣軍司令官松井石根在離開臺灣時，曾明白表示：「本島居民並未負擔帝國國防的費用，在要求公民權等權利之前，應該先盡到義務才是。」與內地相較，臺灣島民在稅制上享有優待，其實松井氏想說的是在臺灣能夠自行負擔地方自治預算以前，一切都只是紙上談兵的空論，明明還是個小孩，就別開口要求大人的待遇。

儘管如此，中川氏還是花費了兩年的時間，奔走於日本議會，最後終於說服反對派，在一九三四年十二月通過自治制度改革案（一九三五年四月一日公布），確立了臺灣地方自治的制度。這項改革案雖保障了臺灣社會運動人士所渴求的地方參政權，但在廳以下的州、市、街、庄協議員，卻只有州和市的協議員是由公選制選出，而地方議會中的半數席次仍舊維持

划著「臺灣自治問題」船隻出海的中川總督，「雖然不是低氣壓，但還是確認雲層的動向之後再划船出海吧！」（1933 年 7 月 3 日）

官派；此外，有關地方自治機關的解散權、議決事項的取消權、否決權以及再審議的要求權，全部歸屬各地方廳等等愚弄人的內容。

在候選人資格上，必須為年滿二十五歲的男子，有獨自營生之能力並在該地方團體設籍居住六個月以上的住民，並且過去六個月來負擔年繳五日圓以上的地方稅之稅務，滿足上述條件者才具有選舉權資格，為有限制的選舉。主張政策口號者若只是想要取得候選資格，也是十分地困難。

林獻堂等人表示：「改正地方制度雖有諸多缺陷，無法令人滿意，但與舊制度相較，也算是向前邁進了一步。（中略）早日實現完全的地方自治制度，將是今後努力的目標。」藉此立下新願景。另一方面，地方報紙則報導：「本島一般民眾在政治上毫無經驗，也要列入審慎的考慮，在公民性的訓練上必須努力。」「作為帝國的臣民，本島人要在權利和義務上有所前進，也就是所謂一視同仁，必須明確地拿出證明來。」等等，一味地指出臺灣尚未成熟的部分，完全感受不到祝賀的情緒。內臺融合的氛圍低落，聽起來就像是為了強迫本島人對於日本人化的努力，所發出的「糖果」。

此外，報上也表明真正的看法：「關於此次的改正地方制度案，說是地方自治，其實不過是將腳跨進真正的自治領域內一步，制度本身卻極為幼稚，只能算是過渡時期的產物。」內地的報紙媒體中則另外點出現實性的問題。

「經過十六年的歲月，今日在統治外地根本政策的立場上，如果是這種程度的自治制度，說是已賦予認可也不為過吧。就連對這種自治也表現出明顯反對態度的貴、眾兩院，其議論難道不會更加刺激（臺灣人的）民族意識，加深本島人與內地人的對立嗎？」（《大阪朝日新聞》一九三五年二月十六日）

以拓務省的立場來說，其認可臺灣地方自治的原因，大概是期望能夠藉此達成臺灣經濟自治與振興。畢竟在當時殖民滿四十年，臺灣經濟界依舊未能擺脫從屬於內地的弊害。臺灣被迫轉換經濟政策，而地方自治只不過是這場實驗的第一步。

一九三六年（昭和十一年）九月，中川健藏辭去臺灣總督的職務，由海軍預備役的小林躋造接任，這是繼明石總督任後再次出現武官總督體制。這場彷彿被軍部趕下臺的總督交替，其背後的原因與臺灣地方自治的對應問題有關。

中川總督辭任之後不久，中日戰爭爆發，臺灣的皇民化運動發展至巔峰。曾感動讚嘆「活生生的臺灣娃娃人偶」的日本人，無暇回顧過去看待臺灣人的視角，在中川氏離開總督之位的八年十一個月後，日本人以戰敗國國民的身分，落魄地離開臺灣島這個娃娃人偶的擺飾臺。[9]

順道一提，在遠東國際軍事法庭[10]的判決中，松井石根（原臺灣軍司令官）被認為是南京大屠殺事件的主事者（可說是冤獄事件）[11]，遭判有罪後靜肅地接受死刑。

國島氏與「灣生大正民主風潮」及其後

一九三四年（昭和九年）七月，國島水馬「因個人因素辭去臺灣日日新報社的職務，轉任編輯局非正式雇員」。根據報上的說明，關於國島氏的後繼人選的敘述是：「東都的新銳漫畫家野村幸一到本公司就職。今後國島水馬除了專心致力於編寫臺灣漫畫年史之外，也會在本報刊登作品。」（七月四日）

國島氏離開臺灣日日新報社之後，仍會不定期地投稿漫畫作品，其深厚功力讓後輩望其項背。其後約兩年的時間，國島氏完全退出第一線，加入臺灣的日本畫家團體，與其他人切磋繪畫技巧，並且為「漫畫通年史」進行準備：「從領臺後至紀元二千六百年[12]期間的世間百態，以手繪的方式完成同一圖樣各一百張的畫集。」（《臺灣日日新報》六月十一日）

這項作品的製作也算是十分奇特。

隨著社會中戰爭的色彩日漸濃厚，國島氏鎮日足不出戶，繪製一百張同一圖樣的繪畫，以一年為一個圖樣單位，孜孜不倦地繪製了四十四種圖樣，從一八九五年至一九三九年的四十四年間，他共畫了四千四百張圖畫，而且都是彩色作品。究竟是什麼原因促使國島氏做出如此不可思議的事，宛如抄寫經文一般，我們不得而知；不過，國島氏曾寫道：「據說報紙的生命是七十年，七十年以後文字會消失不見，或是呈現紅赭色。」由此看來，國島氏或許想

臺灣漫畫年史畫譜展

嘗て本紙上に漫畫を描き本島漫畫壇の一頁を飾つた國島水馬氏は退社後は"台灣漫畫年史畫譜"を編み各方面に頒布して好評を博してゐたが、今回皇紀二千六百年を記念としてこの十年の苦心になる同畫譜を一般に公開すべく台灣漫畫年史畫譜展を十日午後一時より台北市公會堂三號室（北小集會所）で開催される事になつた、尚同漫畫は過去の本島治政文化の推移を知る上にも良き資料であると云はれ期待されてゐる

（寫眞は製作中の國島水馬氏）

日獨伊三國人
歌劇『細川ガ
近く

ものメンバーを有して居る柔道クラブがあり、チリではバルバライソ兵學校では正課に加へて

【東京八日發本社特電】日獨伊三國人合作による細川忠興の妻ガラ

報導通年史展將於臺北公會堂（現今的中山堂）展出的新聞，還有在自家中埋首作畫的國島氏照片。「該漫畫是在瞭解過去治理本島政績、文化的變遷上非常好的資料，備受期待。」（1940 年 1 月 9 日）

あすから臺灣
漫畫の年史展
けふは招待日

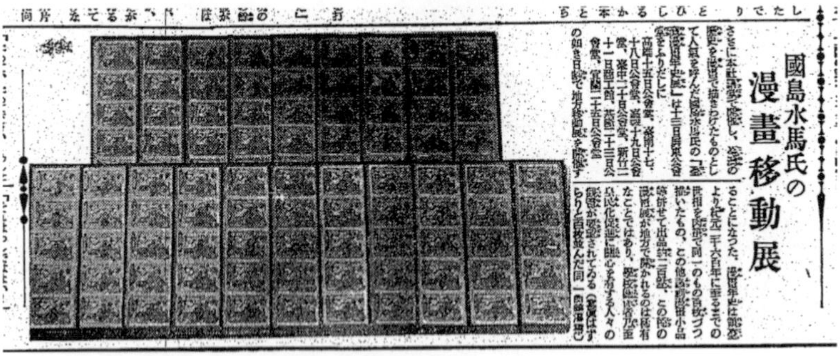

國島水馬氏の
漫畫移動展

上：臺灣日日新報社的漫畫通年史展。「本島漫畫之開拓者，著名的漫畫家。」「展覽作品多達兩百多件。」「相同作品繪製百張的努力成果，值得注目。」（1940 年 5 月 18 日）
下：漫畫通年史展與其他諷刺畫一同展出，為大型的巡迴展覽，在高雄、臺南及臺中地區大受好評。照片為同一圖樣百張手繪作品，整齊排開的畫面。（1940 年 6 月 11 日）

要留下的是比印刷品更能夠長久保存的作品。

這本畫集後來在臺灣出版，如今在網路上也看得到其彩色的圖像。

國島氏帶著這些作品，自一九四〇年（昭和十五年）六月起在臺北及各地舉辦「漫畫通年史」的漫畫巡迴展覽會。

另一方面，報紙上的臺日漫畫則從同年四月開始刊載「時局漫畫」，氣象煥然一新，由森島直道、安本亮一、小野佐世男等人負責漫畫專欄。在這個時期，其他漫畫家的作品強烈地反映出達達主義的格羅斯（George Grosz），以及美國無產階級漫畫等無產階級美術的影響。與國島氏充滿人情味、觸動人心卻又不乏尖銳諷刺的風格大不相同，完全是不一樣的世界觀。

巡迴展覽過後，沒有人知道國島氏的去向與消息。究竟是回到了內地，還是在戰後長留臺灣，沒有留下任何線索。

另一方面，即使是戰後存活下來的臺灣人反日運動家（大多為富裕的實業家），在二二八事件中，幾乎全數遭到歡天喜地迎來的祖國，也就是中華民國國民政府的迫害。林獻堂也因為國民黨的緣故逃到日本，最後客死異鄉。然而，林獻堂的命運算是幸運，二二八事件中大部分的受害者，至今仍舊不知道是在何處被處死及埋葬（遺棄）。

國民黨政府在一九四九年發布的戒嚴令持續至一九八七年，創下戒嚴時期最長的世界紀錄；據說在戒嚴期間，下獄、遭處死的反政府人士多達二十萬人以上。戰後，臺灣人長期生活在國民黨的獨裁體制下，並且在「白色恐怖」的鎮壓中受了不少苦難。不過，在一九九〇年，首位臺灣人總統李登輝上任，並在六年後完成華人社會首次由人民直選的總統選舉，臺灣實現了奇蹟式的民主改革。隨著二十一世紀的到來，民進黨的陳水扁就任總統，一口氣完成臺灣人夢寐以求的「由臺灣人統治臺灣」及「民主化」的夙願。

大稻埕之龍在如此的狀況下甦醒復活了。從臺灣的「灣生大正民主風潮」下所孕育的生物，經過七十年的歲月騰雲高飛。

臺灣的報紙、雜誌、電視等媒體經過國民黨箝制媒體的時代之後，在一九九〇年代媒體數量呈現爆炸性的增長，報導自由的水準在世界上也算是數一數二。

報紙和雜誌爭相刊登充滿諷刺意味的漫畫作品。

不管是四格漫畫還是奇幻漫畫，都徹底地對權力展開批判。在電視上也是相同的狀況，談話性節目等唇槍舌劍地批判政權，極盡揶揄之能事。新聞報導節目不僅在自由度上有所成長，連品質的進化也表現得相當卓越。從小看著日本動漫長大、在美國學習技術的優秀電腦影像設計師，製作出重現新聞動畫等作品，其水準無疑是世界第一。

國島水馬乘著時代的潮流，來到臺灣這片新天地，並以諷刺漫畫記者的身分闖出名堂，最後又被時代的洪流所吞噬。到了現代，他的名字或許就像是大稻埕之龍一般，被世人遺忘；

但是他確實存在於臺灣大正民主時期的歷史之中，並且留下漫畫名作，這是不可抹滅的事實。看到大正民主風潮十幾年期間，臺灣媒體以高明的諷刺手法批判統治體制的繁榮狀態，筆者不禁遙想，國馬水馬是否隱身於臺北這些古老建築物的陰影下，細心觀察、享受眼前的風景，並給予後進之輩無限寶貴的靈感呢？

後記

筆者在撰寫《臺灣．消逝在日月潭的故鄉》一書時，為了書中附圖查找臺灣戰前的諷刺漫畫。當時發現諷刺漫畫內含的趣味性，便開始搜集圖像資料，成為本書成書的契機。

當時筆者原本想找一幅漫畫，是在臺灣近年出版的歷史相關書籍中偶然發現的作品，無奈無法得知該幅漫畫的刊載日期。為此（順道一提，那幅漫畫也是國島氏的作品，並未使用於本書的圖版中）花費好幾週，在龐大的報紙資料中努力奮戰。

最後，雖然筆者遍尋不著該幅漫畫，但藉由這個機會徜徉在國島水馬的諷刺漫畫世界裡，並發現國島水馬的動人魅力。當時的日語與現今有所差異，神奇的是，在感覺和思考方式上卻沒有太大的變化。時代會變，人不會變，筆者奇妙地感受到戰前似乎不再是遙遠的過去，自己與當時的內地人基本上是相同的人，相同的日本人。

後來為了本書的資料（其實截至今年夏天為止，還未能確定具體的構想），筆者再次展開資料的探查行動，但是當時每週刊登的諷刺漫畫數量龐大，加上要理解漫畫的內容就必須閱讀當時的新聞報導，從極為地方性的新聞，到與臺灣沒有直接關係的國際情勢，範圍十分的廣大。國島氏初期作品的漫畫水平就算是說恭維話，也覺得不太高明，即使是想要以漫畫為主要題材回顧日治時代的臺灣歷史，一時之間也不知從何下手才好。

於是，筆者決定回歸「何謂諷刺」的原點，梳理時代的背景。在搜集資料的過程中，對於臺灣人在日治時期所受到差別待遇之印象，深深烙印在腦海裡。另外，筆者也閱讀許多內地人的手記，得知當時警察權力的野蠻專橫行為，也為此感到憤恨不平。官高民低（官吏的待遇高且態度傲慢，臺灣民間的內地人在地位和待遇上都比日本內地低下）的現實，究竟是如何展現在諷刺漫畫裡呢？興味盎然地，筆者決定再次回到龐大的資料當中奮戰。

當時的臺灣對日本而言是守護南方重要的殖民地；也因為如此，官員囂張跋扈，總督權力無所不及，對島上居民來說，生活並不自在。報紙媒體完全在總督府的控制之下，毫無報導自由可言。曾在《臺灣新聞》（臺中）擔任記者的人士表示，當時臺灣的報紙不論在品質或其他層面上，都落後內地二十年。

在大正至昭和時代，內地人的鬱憤、本島人的複雜心理，以及殖民地統治不善之處，都漸漸地浮上檯面，這也正好是國島氏來到臺灣的時期。幾乎與國島氏抵臺同時發生（一九一七年十二月），總督府頒布惡名昭彰的《臺灣新聞紙令》，其中關於禁止出版、發行的條件都比內地嚴格而曖昧。報紙在發行之前，必須履行上繳總督府兩份、臺北州廳及臺北地方法院檢察局各一份的義務。在如此嚴格的管制下，漫畫似乎是比較被包容的。有時甚至會覺得，這樣的內容居然可以成功通過檢閱，真是出人意料之外。或許是意味深遠的諷刺漫畫，讓官員未能發現而放行通過；也有可能是負責專欄的漫畫家長期以來皆為同一人，已與官員建立起信賴的關係；又或許是漫畫家本人已經學習到如何成功通過檢閱的技巧。無論如何，這也是閱讀國島氏漫畫的樂趣之一。

要從「御用新聞」的諷刺漫畫中讀出隱藏其中的權威批判，甚至是釐清其中的思想，必須一字不漏地仔細閱讀繪者的作品、報導文章和隨筆等，雖然辛苦，卻是十分愉快的經驗。同時，不禁令人反覆思索：一個人在人生的巔峰時期，正好與日本統治臺灣的全盛時期重疊，更讓人重新正視人生苦短的真義，體驗到活在當下的重要性。每當翻開泛黃的扉頁，從中湧現的體悟正是回顧歷史的學習者所能獲得的獎勵。

雖為個人私事，在本書撰寫完畢、決定出版之前，筆者正好迎來五十歲生日。日本殖民臺灣五十年看似長久，實際上卻十分短暫。同時筆者也體認到日本人首次統治殖民地，或許不算順遂與成功。事實上，就在一面躊躇、猶豫之時，結束了統治。能夠一面想像日治時期臺灣的矛盾與衝突以及國島水馬的思考模式，一面回顧在躊躇、猶豫之下走到現在的自己及與歷史的接點，筆者衷心地感謝歷史上這位可貴的漫畫家。

坂野德隆　二〇一二年十一月

譯註

作者序

1 碗公船象徵臺灣。

2 馬來．波里尼西亞語族是南島語系下的分支。

3 一九二〇年七月三十日，律令第五號「臺灣市制」公布，於十月一日正式施行。

4 《東京パック》日文原名中的「パック」，為美國著名彩色幽默漫畫雜誌《Puck》（意為喜愛惡作劇的小妖精、淘氣孩童）之音譯。

5 大逆事件，發生於一九一〇年至一九一一年，又稱幸德秋水事件。

第一章

1 「摩男、摩女」指的是摩登男性、摩登女性的略稱。

2 當時，顧客可以召來藝伎等女性，至料理店陪同飲食或是進行餘興表演。

3 圖中藝伎頸上的枷鎖寫著「遊興稅」，即為娛樂稅之意。腳上的「前借、別借」，指的是藝伎本身的債務，包含人身自由的贖金以及其他借款；「線香代」則是指一炷香燃燒的時間，用來指稱藝伎陪伴客人計費的時間單位。

4 御用紳士為臺灣文化協會成立之後，在民眾間流行著「文化的」與「御用的」兩個用語，分別象徵著「抵抗」與「協力」日本殖民政府之意。詳細請參考洪郁如《近代臺灣女性史》。

5 龍頭蛇尾的中文用法為「虎」頭蛇尾，但是考慮到漫畫作者諷刺語法的影射意涵，故採取日文用法的「龍」頭蛇尾。

6 這裡的震災是指一九三五年四月二十一日發生的新竹—臺中地震，又名后里大地震、清水大地震、關刀山地震或墩仔腳大地震。

7 國立臺灣博物館本館之建築物原為「兒玉總督及後藤民政長官記念博物館」。根據國立臺灣博物館館史，落成時期應當是在一九一五年。一九一三年應為動工之年。另外，博物館內的兩座雕像，原本就在館內，戰後被移出展示處，轉往收藏區。直到二〇〇八年才又被展示出來。

8 「法三號」正式名稱為「關於應該在臺灣施行的法令之法律」。

9 漢字為「桑原、桑原」，日語拼音為「kuwabara」，是祈禱避雷、息災的咒語。傳說雷神不會降雷在自己生前的領地——桑原，因此默念桑原，將能夠避免雷擊。後引申為消災解難之咒語。

10 三一運動發生於一九一九年。

11 洋菜又稱為瓊脂，近年來也直接使用日文漢字「寒天」。我們所熟知的果凍，也是以洋菜作為原料製成。

12 新高山為日治時期的名稱，一八九七年由日本明治天皇命名。即為今日臺灣人眾所週知的「玉山」。

13 板羽球是日本傳統遊戲之一，手持「羽子板」（日文讀音為hagoita，球拍之意）相互拍擊毽子，主要是在新年時期玩的遊戲。

14 臺灣總督府臺北高等學校為七年制的高等學校，學生以在臺日人子弟為主，亦有少數臺灣人和朝鮮人、滿洲國的學生。為當時臺灣島內唯一能夠升學大學的管道。今日國立師範大學之前身。

15 京都帝國大學為今日京都大學之前身。

16 臺北帝國大學為今日國立臺灣大學之前身。

17 臺灣總督府文教局，掌管臺灣社會的文化教育、宗教與社會行政事務。

18 此首歌曲為日本知名童謠，於一九一〇年列入小學音樂課本中的歌曲。

19 這幅漫畫的繪製時間為一九二二年。

20 正如前文所述，「島民」所指稱的是臺灣人以及住在臺灣的日本人。

第二章

1 戰後恐慌，又稱為大正九年的財界大反動。

2 臺北士林園藝試驗分所為現今的臺北士林官邸公園。

3 京濱市場，意指東京至橫濱這一個範圍的市場。

4 青果同業組合指青果運銷合作社，「青果」為青菜與水果的總稱。

5 「香蕉自由出口問題」之騷動，係因當時政府規定，未加入青果同業組合的成員，不得自行出口香蕉。一九二五年六月，未加入組合的臺中州蕉農，自行運送兩千簍的香蕉至基隆港，大阪商船拒絕運送，蕉農們只能眼睜睜地看著兩千簍香蕉腐爛。

6 臺灣總督府於一九二五年成立半官半民的臺灣青果株式會社。

7 雖然向內地展開銷售，不過，由於臺灣青果株式會社在香蕉事業上的壟斷，壓低收購價格，讓臺灣蕉農苦不堪言。

8 指鏡子上反射的水稻田無法插秧。

9 在日月潭的水社及頭社兩處建造土堰堤，將水位拉高了二十一公尺，擴張湖面，增加日月潭的水量。

10 天岩戶指日本神話中的處所，為岩石洞窟之意。天照大神曾躲進天岩戶中，世界因此失去光明，陷入一片黑暗。而後由於眾神的智慧，加上天鈿女命在天岩戶前袒胸露乳、手舞足蹈的模樣，引發眾神哄堂大笑，誘使天照大神向外窺探，眾神伺機將天照大神拉出天岩戶，世界重獲光明。

11 天鈿女命是日本神話中的藝能女神，又名「天宇受賣命」。

12 這些問題像是建設工程的龐大經費、臺灣的工業是否足以消化日月潭發電廠的發電量、醫療、人力以及補償問題等。

13 有關「日月潭問題」詳情可參考林蘭芳《工業化的推手日治時期臺灣的電力事業》，政治大學史學叢書。二〇一一年。

14 日月潭工程期間為一九一九年至一九三四年。第二發電廠為一九三五年至一九三七年。

15 臺灣全島被置於荷蘭的統治範圍之下，然而事實上，荷蘭的統治勢力並未擴及臺灣全島，最多只能說是掌握了臺灣西部平原地區的範圍。

16 中世紀是歐洲歷史的分期，約為西元五世紀至十五世紀前後。

17 秋田礦山專門學校，後來與秋田師範學校、秋田青年師範學校合併，為今日的秋田大學。

18 土佐約為今日的高知縣。

19 薩摩約為今日九州的西南部、鹿兒島一帶。

20 法令例如限制作業船隻數量，或是設定許可年限等。

21 國策企業係指在鴉片戰爭至第二次世界大戰結束期間，日本為了達成國家發展之目的，在國家的強力介入與統制之下所成立的特殊企業，享有國家的保護和特權。

第三章

1 赤城山位於關東北部群馬縣境內。

2 日本用「夜逃げ」（趁夜晚無人之時，搬家逃亡，躲避債主）表示躲債逃亡。

3 「勅任官」指一級、二級高等官。

4 「囑託員」在公務體系中的非正規職員。

5 「判任官」指官吏中非高等官之官吏。高等官有親任官、勅任官和奏任官三種。

6 情義的日文為「義理」，讀音為gi-ri。

7 損失的日文為損する，「損」之讀音為son。
8 遊廓是日治時代的紅燈區、花街柳巷。
9 「都七士落」指帝都「七士」出逃之意。「落」為日文「落ち延びる」之省略，逃至遠方之意。
10 「腰便」意為自備便當掛在腰上去上班之意，因為底層公職人員的月薪低廉，總是自備便當，節省開銷。
11 砍下「首級」象徵日文中以「斬斷脖子」來表現開除之意。
12 自警團為維持秩序的民間巡邏隊，在關東大地震期間，曾發生自警團趁機屠殺朝鮮人的事件。
13 關東大地震發生的前八天為一九二三年八月二十四日，首相加藤友三郎逝世。
14 後藤新平任南滿洲鐵道的首任總裁。
15 後藤新平就任內務大臣於第二次山本內閣期間。
16 井上準之助，於一九一九年至一九二三年期間擔任日本銀行總裁。
17 井上氏再次擔任日本銀行總裁時間為一九二七年至一九二八年。
18 皇太子，攝政宮裕仁親王，後來的昭和天皇。
19 在日本的傳說中，地震的元兇是鯰魚。
20 赤化即為共產化。
21 殿下行啟指皇太子巡視行旅之意。

第四章

1 皇太子殿下臺灣行啟，視察旅行之意，詳細可參考陳煒翰《日本皇族的臺灣行旅蓬萊仙島菊花香》一書。
2 日本宮內省公關次長的日文為式部次長。式部職為宮內省的內部機關，負責皇室成員的儀式、交際等公關事宜。
3 西園寺氏為西園寺八郎。

4 宮內大臣，掌管宮內省，負責處理皇室事務，輔弼天皇。
5 東宮御所指皇太子居住之處。
6 麩為日本食品，以麵粉和水製成，富含蛋白質的乾燥食物。
7 日本國體是以天皇為中心的國家秩序。
8 「新高山」即為玉山。
9 十二月二十五日，大正天皇駕崩，昭和天皇即位，為昭和元年。
10 劍岳位於日本飛驒山脈北部的高峰。
11 學習院為著名的日本皇族學校，裕仁親王於一九〇八年進入學習院初等科就讀，亦即小學。
12 花蓮港農業補習學校為花蓮高農之前身。
13 臺北圓山運動場，後來的中山足球場、花博公園內的展覽館。
14 臺北商業學校全名為臺北州立臺北商業學校，今日臺北商業大學之前身。
15 「自然紀念物」的日文為「天然紀念物」，指稱的是關於動植物、礦物、地質等自然資源中，值得加以保存、維護的景觀或生物，相對於「文化紀念物」的稱呼。亦即今日自然生態保護區的概念。

第五章

1 此處的公學校指的是霧社公學校。
2 起初，「出草」是指狩獵之事，特別是獵鹿，後來才轉為專指獵人頭的行為。
3 白刃戰指以步槍加上刺刀的作戰方式，為近距離作戰的方式。
4 亦即太魯閣戰爭，當時原因是總督府打算控制花蓮地區的原住民勢力，因而將當地的太魯閣族人視為主要敵人。戰爭期間為一九一四年五月至八月。
5 日文漢字中的「無鐵砲」，為貿然行事、沒有考慮後果之意。此處揶揄地表示，這位原住民將獵槍藏在背後，

表示自己身上沒有「鐵砲」（獵槍、子彈）

6 「味方蕃」指親日立場的原住民部落。原本與馬赫坡社敵對的部落，後來也加入日本「味方蕃」的編制。

7 Tragicomedy，又稱傳奇劇，兼含悲劇與喜劇的成分。

8 藉由讓電影在總統府前上映，重新喚起霧社事件，達成反日，或是否定日本殖民的歷史。

9 此處日文原文使用「番外」（預定外之意）漢字，與「蕃害」漢字的念法相同。

10 霧社之「蘭／亂」，在日文中，「亂」與「蘭」的讀音相同。

11 臺字章，日本統治臺灣時期的政府徽章。

12 「筍子」庸醫，日文以「筍　者」表示醫術尚未成熟的庸醫，有蔑稱之意。

13 原圖中日文為「只是偶爾從櫃中拿出來眺望一番，隨後再重新塞回櫃中。」

第六章

1 此處原文為「冷飴」，為普遍流行於關西的飲料，以麥芽糖水加上薑末，冰涼後飲用。

2 「好哇好哇」的臺語是「hó-ah,hó-ah」。

3 此中國女性指的是林默娘。

4 報導中的媽祖遶境活動所指為一九一七年的「七媽會」，由當時的臺中區長林耀亭號召舉辦媽祖遶境，遶境活動長達四十日，七尊廟宇媽祖像齊聚一堂。

5 中部北港的媽祖廟，即北港朝天宮。

6 「行天宮」，此處的原文為「天行宮」，應為筆誤。

7 這裡的「我們」指的是日本人。

8 西日本，泛指日本列島的西半部地區。

9 「しきらん」為福岡、博多地區所使用的方言，關東的標準語是できない、ふかのう。

10 兩者在日文中的發音皆為kaki。
11 這裡的隔閡指語言上的隔閡。
12 外地即相對於日本內地。
13 鰻魚飯／美女，在漫畫中使用「べっぴん」一詞，現今日文大多指稱美女之意，但是其語詞的來源則是鰻魚飯。
14 日本佛教十三宗為法相宗、華嚴宗、律宗、天臺宗、真言宗、融通念佛宗、淨土宗、臨濟宗、淨土真宗、曹洞宗、日蓮宗、時宗、黃檗宗。
15 八宗為華嚴宗、天臺宗、真言宗、臨濟宗、曹洞宗、淨土宗、淨土真宗、日蓮宗。
16 與鞏固殖民統治、推進中央政策為目的之寺院不同。
17 舉例來說，像是東本願寺和西本願寺，至今皆已不復在。
18 「神牛引導參拜」係為日本善光寺的著名傳說，一位吝嗇的老婆婆在河邊洗衣，忽然出現一頭牛，用牛角勾走一塊布，向前奔去，老婆婆緊追在後，跟著牛來到了善光寺，被佛堂內的光明所感悟，此後潛心向佛，改過向善。後來也成為日語中的諺語，表示因為意想不到的事物或是他人的誘導，將狀況導引至良善的方向。
19 日文漢字「總華督」為花藝教師的名稱。
20 「總華督」，指花藝教師。

第七章

1 此處的咖啡店指二二八人文咖啡館。
2 即為二二八事件，日本稱為「臺灣事變」。
3 此處的三個月後是臺灣統治三十週年，時間為一九二五年六月十七日。
4 原文寫道臺灣的放送日期，較日本內地晚了約一年三個月的時間，應為筆誤。

5 因此並未遭遇地震的災害及損失。

6 「湖南丸」船上裝載臺灣的蓬萊米。

7 當日月潭水電工程完工後，臺灣成為南支、南洋的重要中繼點。

8 下龍灣舊名鴻基。

9 此地所指為臺灣。

10 此書在日本的出版年份為二〇一二年，當時的力霸百貨，如今由海霸王集團買下，改為德立莊飯店。

11 「臺灣勸業共進會」的會期為四月十日至五月十五日。

12 遞信大臣屬於中央行政機關的「遞信省」，管轄交通、郵政、電信等事務。

13 第三次桂內閣，總理大臣為桂太郎，期間為一九一二年十二月二十一日至一九一三年二月二十日。

14 BULL-DOG SAUCE，日文公司名稱為ブルドックソース，製造、販賣醬料。

15 澤之鶴，日文公司名為「沢の鶴」，製酒公司。

16 二趾鞋襪，日文為「足袋」，日本人穿著和服、木屐或草鞋時搭配的襪子。

17 固力果，日文公司名為「グリコ」。

18 仁丹，為日本森下仁丹株式會社所販售的口服成藥，有提神醒腦、消毒殺菌的功效，亦可保持口氣清新、減緩宿醉或暈車的反胃、暈眩症狀。

19 銀輪部隊，指在太平洋戰爭中，日本在南方戰線上運用的作戰方式，將國內的腳踏車運至南方，編組自行車部隊，能夠輕而易舉地通過戰車、汽車無法行使的道路，遇到河川也能簡單地抬舉渡河，活用於步兵的移動和修復活動。

20 日本廣播體操的第一句臺詞為「廣播大喊一、二、三」，日文中「二」和「三」的發音與「日產」相近，因此在大眾所熟悉的廣播體操臺詞的基礎上玩文字遊戲，達到宣傳的目的。

21 此處原書的原文為「石鹼潛在メーカー」，應為「石鹼洗剤メーカー」之筆誤。

22 博多紡織品，以福岡縣福岡市為主的博多地區盛產紡織品，為日本三大著名紡織品之一，同時也名列「經濟產業大臣指定之傳統工藝品」。

23 高砂麥酒株式會社的釀酒廠房，於一九七五年改稱「建國啤酒廠」，近年改稱為臺北啤酒工廠。

24 「膨奇」為日文外來語之音譯，語源來自於一八四一年創刊於英國的諷刺雜誌《Punch》，中文多譯為《笨拙畫報》。譯者在此不將之譯為「笨拙」的原因，是不希望以中文笨拙之意，貶低諷刺漫畫的價值。音譯「膨奇」之字義，帶有將事物膨脹、誇大，以新奇怪異的方式呈現之感。

25 「鳥羽繪」的唸法為toba-e，日本江戶時代至明治時代時期，浮世繪中的種類之一，可以說是「江戶的漫畫」。

26 《東京頑童》斷斷續續的刊行，大致可以區分為四個時期，分別為一九〇五年—一九一二年；一九一二年—一九一五年；一九一九年—一九二三年；一九二八年—一九四一年。

27 「卡通」即為英文的cartoon。與現今我們所熟悉的動漫、電視卡通有些許的不同，一八四三年刊登在《Punch》中，John Leech所繪製的諷刺漫畫，讓「卡通」一詞成為帶有諷刺、幽默性質的漫畫作品。

28 獨特的風格被稱為「漫畫漫文」。

29 岡本一平的四格漫畫，分別考慮起承轉合四個階段，從而衍生出故事線和角色人物等。

第八章

1 此處在日文中也有「總算有了眉目、頭緒」之意。

2 嘴巴為「口」，日文中將提供工作機會的公司稱為「就職口」，國島氏以找尋「口」的動作，來譬喻找尋提供工作機會的公司。

3 五一五事件亦即上述犬養毅首相遭到刺殺的事件。

4 中島商工大臣所指為中島久萬吉。

5 島田董事長所指為島田茂。

6 國性爺合戰是日本江戶時代由劇作家近松門左衛門所創作出的戲劇，故事內容為鄭成功反清復明。原作即為國「性」爺，在改編為歌舞伎劇上演時，則是改為國「姓」爺。劇中鄭成功的角色名稱為「和藤內」。

7 「踏繪」，指日本人在德川幕府時期，由於禁止基督教信仰，命令所有基督徒必須踐踏基督聖像，以明示背棄基督教的決心，不從者將會被逮捕。

8 圖片中的「昭和七年七月七日上午七點半」。

9 日本人會在女兒節前，於家中裝飾階梯式的擺飾臺，將人偶娃娃排列於上。

10 遠東國際軍事法庭，為二戰結束後特別開設的國際軍事法庭，處理戰爭責任歸屬問題，又稱為東京裁判、東京大審、東京國際軍事法庭。

11 據傳真正下達指令的是朝香宮鳩彥王，但因為皇族身份，而被豁免追究戰爭責任。

12 紀元二千六百年係指日本天皇即位紀元第二千六百年，即為昭和十五年，西元一九四〇年。

國家圖書館出版品預行編目(CIP)資料

從諷刺漫畫解讀日本統治下的臺灣 / 坂野德隆著 ; 廖怡錚譯. -- 初版. -- 新北市 : 遠足文化, 2019.3
面； 公分. -- (歷史.跨域 ; 5)
譯自 : 風刺漫画で読み解く日本統治下の台湾
ISBN 978-957-8630-82-6(平裝)
1.臺灣史 2.生活史 3.日據時期 4.諷刺畫

733.28 107017607

遠足文化 讀者回函

歷史・跨域 05

從諷刺漫畫解讀日本統治下的臺灣

風刺漫画で読み解く 日本統治下の台湾

作者・坂野德隆｜譯者・廖怡錚｜審訂・黃天祥｜責任編輯・林育薇、龍傑娣｜協力編輯・郭佩靖｜校對・楊俶儻｜封面設計・蔡南昇｜出版・遠足文化事業股份有限公司・第二編輯部｜社長・郭重興｜總編輯・龍傑娣｜發行人兼出版總監・曾大福｜發行・遠足文化事業股份有限公司｜電話・02-22181417｜傳真・02-86672166｜客服專線・0800-221-029｜E-Mail・service@bookrep.com.tw｜官方網站・http://www.bookrep.com.tw｜法律顧問・華洋國際專利商標事務所・蘇文生律師｜印刷・崎威彩藝有限公司｜排版・菩薩蠻數位文化有限公司｜初版・2019年3月｜初版二刷・2019年11月｜定價・360元｜ISBN・978-957-8630-82-6